This Time | Esta vez

First Edition: May 2014
Primera edición: mayo 2014

© Gerald Stern
© of translation | de la traducción:
José de María Romero Barea, 2014
© of prologue | del prólogo: Curtis Bauer, 2014

© Vaso Roto Ediciones, 2014
ESPAÑA
C/ Alcalá 85, 7º izda.
28009 Madrid
MÉXICO
Apartado Postal 443, Col. Del Valle
San Pedro Garza García, N. L., 66220

vasoroto@vasoroto.com
www.vasoroto.com

Designed by | diseño de colección: Josep Bagà
Cover engraving | Grabado de cubierta: Víctor Ramírez
Composition by | Preimpresión: Ángela Palos

All rights reserved

Quedan rigurosamente prohibidas sin la
autorización de los titulares del copyright,
bajo las sanciones establecidas por las leyes,
la reproducción total o parcial de esta obra
por cualquier medio o procedimiento.

Printed in the USA | Impreso en Estados Unidos
ISBN: 978-84-16193-17-2
BIC: DCF

Gerald Stern
This Time | Esta vez

New Poetic Anthology |
Nueva antología poética

Bilingual edition | Edición bilingüe

Prologue and selection by | Prólogo y selección de
Curtis Bauer

Translated by | Traducción de
José de María Romero Barea

Vaso Roto / Ediciones

THIS TIME | ESTA VEZ

New Poetic Anthology

Nueva antología poética

Prologue

Introducing the poetry of Gerald Stern to the Spanish reader is an overwhelming task. How does one begin to frame the immensity of such a distinct and expansive voice so vast in its influence on a major population of emerging poets in the United States and explain why this poet has, until now, not been translated into Spanish?

The greatest difficulty in pinning Stern down, as well as one of the reasons he is not widely known to the Spanish speaking world, stems from the complexity of the kind of poet he is. He is not the typical "American poet," writing only outward-looking poems about US society, culture and landscape, nor is he one of the interior, self-reflective confessional poets, nor is his work solely ironic. Although Stern's corpus can be associated with many labels, he is celebrated as a global poet, multi-cultural, multi-lingual, multi-personal. He is a poet of transformation; his poems examine individual and shared memory and are situated in specific places which facilitate the transformation of the speaker's experience. The value of these poems is immense: through the writer's transformation, so too is the reader changed. Stern's poems reveal significant landmarks and obstacles in the history of ideas and human interaction, then they provide us with a means to navigate and learn from the complexities of the world we inhabit, as well as our individual and shared experiences in it. Stern's poems fracture the limits of a single label or school; they carry immense social and political weight; they are

Prólogo

Presentar la poesía de Gerald Stern al lector en español es una tarea ingente. ¿Cómo enmarcar una voz tan clara y comunicativa, y que ha ejercido una gran influencia en gran parte de los poetas emergentes norteamericanos, y explicar al mismo tiempo las razones por las cuales su obra no ha sido hasta ahora traducida al español?

La mayor dificultad a la hora de clasificar la poesía de Stern radica en su complejidad, lo que también es una de las razones por las cuales su obra no es aún conocida en el mundo de habla hispana. No se trata del típico «poeta norteamericano» que solo escribe poemas representativos de la sociedad estadounidense, su cultura o su paisaje, con la mirada puesta en el exterior; tampoco es un poeta intimista, ni autorreflexivo, ni es su tono confesional; tampoco puede decirse que su obra sea puramente irónica. Aunque se le podría relacionar con diversas corrientes, Stern debe ser entendido desde una óptica universal, multicultural, multilingüe y multipersonal. Es el poeta de la transformación. Sus poemas se adentran tanto en la memoria individual como en la colectiva y se ubican en lugares específicos que facilitan la transformación del interlocutor. El valor de sus poemas es inmenso: a través de la transformación del escritor se consigue la del lector. La obra de Stern revela los numerosos hitos y obstáculos en la historia de las ideas y de la interacción humana, a la vez que nos brinda un modo de explorar y aprender de las complejidades del mundo en que vivimos, así como de las experiencias individuales y compartidas en él. Los poemas de Stern sobrepasan los límites de etiquetas o

lyrically gorgeous, syntactically demanding, sonically rich and ultimately memorable.

The awards and honors of this innovative American author exhibit prominent landmarks in contemporary American poetry: 17 books of poetry, including *Lucky Life* (the 1977 Lamont prize winner), *This Time: New and Selected Poems* (winner of the National Book Award for Poetry, 1998) and *Everything Is Burning*, which helped garner him the Wallace Stevens Award for mastery in the art of poetry in 2005. He has also received grants from the National Endowment for the Arts, the Guggenheim Foundation and the prestigious Ruth Lilly Prize.

Awards and accomplishments aside, it is the poetry, the music and the vision of Gerald Stern that deserves translation into the Spanish language. Stern is most often associated with the accumulative or discursive poem that brings to mind Whitman. The difference, however, is in Stern's subject and purpose. Where Whitman focused on American society and the American experience, Stern places American issues in distant and mythic contexts, concerning himself with explication and exploration of the human and natural world, of memory, of places. He is what the poet Kate Daniels calls, "far too literate, too worldly to seem typically American...the U.S.'s one and only truly global poet."

Stern is a poet under endless transformation. In some poems he is a naturalist, giving us advice about the "power of maples" and identifying the particular flowers, trees and weeds in a yard. In other poems he is a city poet, whether that city is New York, Paris, Córdoba or a hundred others. Although he transforms himself endlessly, playing whatever parts appeal to him—he admits to the joy of living in two places at once, stating "that's my secrecy, that's my survival. That's why I don't have a heart attack. That's my peace"—his identity never changes: whether he puts on the mask of a dead dog, a rabbinical figure, even a tree or bird, he remains whimsical, a friendly stranger full of stories that we

escuelas, tienen un peso social y político enorme, son de un lirismo exuberante, de una sintaxis exigente, de una música exquisita y, en último término, son memorables.

Los premios y reconocimientos de este innovador escritor estadounidense marcan hitos en la poesía norteamericana contemporánea: 18 libros de poemas, entre ellos *Lucky Life* [*Vida afortunada*] (ganador del premio Lamont en 1977), *This Time: New and Selected Poems* [*Esta vez: poemas nuevos y escogidos*] (ganador del Premio Nacional de Literatura en 1998) y *Everything Is Burning* [*Todo arde*], que le valió el Premio Wallace Stevens al dominio del arte de la poesía en 2005. También ha recibido becas de la Fundación Nacional para las Artes, la Fundación Guggenheim y el prestigioso Premio Ruth Lilly.

Premios y reconocimientos aparte, son su poesía, su música y su visión los merecedores de ser vertidos al castellano. Stern es a menudo asociado con el poema enumerativo de tono coloquial que nos recuerda a Whitman. La diferencia estriba, sin embargo, en el asunto y la intención de la obra de Stern. Mientras Whitman se centra en la sociedad y la experiencia estadounidenses, Stern sitúa la problemática norteamericana en contextos lejanos y míticos, interesado sobre todo en la explicación y exploración del mundo natural y humano, de la memoria y los lugares. No en vano, la poeta Kate Daniels lo define como «demasiado culturalista y prosaico como para parecer típicamente norteamericano [...] el único poeta realmente universal de Estados Unidos».

Stern es un poeta en permanente transformación. En algunos de sus poemas es un naturalista que nos advierte sobre la «fuerza de los arces» o nos ayuda a identificar las flores, los árboles y la maleza de un jardín. En otros, es un poeta urbano de Nueva York, París, Córdoba o cualquier otra ciudad. Aunque Stern se transforma sin cesar, interpretando cualquier papel a su antojo –se abandona al placer de vivir en dos lugares a la vez, y afirma: «ese es mi secreto, mi forma de sobrevivir. Esa es la razón por la cual no he

can't stop listening to, because inside them there is wisdom, and in their telling he isn't afraid of appearing sentimental, showing his suffering and weakness. This transformation permits the poet to experience himself as if he were *other*. It allows him to look at the world from distinct perspectives, exploring the possibilities not of the self alone but of the larger human consciousness.

The richness of US society and culture comes from what it has acquired from the peoples of the world. Stern is preoccupied with this melting pot of human culture. His obsession is not so much the past itself, but the relationship between presence and memory, history and myth, the conscious and unconscious, surface and depth. Many of Stern's poems open in a mundane incident: in "Song" the speaker is standing in the garden looking at the pink and white blossoms that have fallen on the lawn. He has seen this yard, this blue sky, road kill and bridges in so many cities that he could be anywhere, or everywhere. He asserts himself, parallels his own end with that of the blossoms in the natural world, saying "I will take hours to know/ whether I will live or die…which animal to ride over, / which bridge to cross on the way" as he too moves closer to his own death, no matter where that might be. The tone of nostalgia so common in this and other poems is adeptly controlled; the speaker directs us mindfully to prepare us to imagine multiple possibilities in order to transcend the immediate situation or scene. These poems identify links between the personal and the local and enable us to sense a deeper emotional import beneath the apparent simplicity of the surface.

As you read selections from twelve of Stern's books in *Esta Vez*, you will frequently have the impression that you are listening to someone tell part of a story, someone you trust and want to listen to even though you might not know him. How the poem is presented helps you fill in the details of what isn't said. One of Stern's masterful story-telling techniques is that he allows one idea or observation to lead to another: he begins "Shouldering"

sufrido un infarto. Esa es mi paz»–, su identidad nunca cambia: aunque se ponga la máscara de un perro muerto, un rabino, un árbol o un pájaro, Stern sigue siendo un enigma, un simpático extranjero lleno de historias que no podemos dejar de escuchar, porque en ellas hay sabiduría y porque al contarlas no tiene miedo de parecer sentimental, de mostrarnos su sufrimiento y su debilidad. Esta transformación brinda al poeta la oportunidad de experimentarse a sí mismo como si fuera *otro*. Le permite ver el mundo desde perspectivas distintas y explorar así las posibilidades no solo del individuo en soledad sino también de una más vasta conciencia humana.

La riqueza de la sociedad y la cultura estadounidenses proviene de lo adquirido en su relación con los pueblos del mundo. A Stern le preocupa este crisol que es la cultura humana. Le obsesionan no tanto el pasado sino la relación entre la presencia y la memoria, la historia y el mito, lo consciente y lo inconsciente, la superficie y la profundidad. Muchos de los poemas de Stern comienzan con un incidente trivial: en «Song» [«Canción»], el interlocutor está de pie en el jardín mirando las flores rosas y blancas que han caído al césped. Ha visto este jardín, este cielo azul, los animales muertos en la carretera y los puentes en tantas ciudades que el lugar podría ser cualquier lugar o todos los lugares a un mismo tiempo. El interlocutor, comparando el fin de su propia existencia con el de los brotes del mundo natural, se reafirma al decir: «Tardaré horas en decidir / si me dispongo a vivir o a morir, [...] qué animal aplastar bajo las ruedas, / qué puente cruzar en mi camino». Y al ver cercana su propia muerte, el lugar parece ser lo de menos. El tono nostálgico, tan común en este y otros poemas, es racionado aquí con destreza; el interlocutor nos guía de forma consciente y nos lleva a imaginar múltiples posibilidades para trascender así una situación inmediata o una escena concreta. La poesía de Stern establece vínculos entre lo personal y lo local, y nos permite percibir un significado emocional profundo bajo la aparente sencillez de su superficie.

by explaining that he and some other "were surrounded by buttercup and phlox," but then quickly pauses to include the reader in the story. He continues, "so you know what the month was," before he goes back to the story, to filling out the scene with details of the flat tire, of the music of Sarah Vaughn and Monk, of the responsibility, of the joy he and his friend were able to glean from this seemingly negative event. This craftiness draws the reader into the situation through coerced reminiscence—this is a key attribute to these poems—and encourages us to remember, even if we have not experienced the literal event.

As Stern is drawn back endlessly into memory he attempts to rescue and reimagine the past. One way he does this is by mentioning names: he loves the names themselves, he has said, and he loves "great minds." They are "like cities"; they are "concentrations of energy and memory." Names of places appeal to him for the same reasons. Beside personal markers like streets, beaches, buildings, restaurants, and the towns and cities of America, he places distant cities and nations: Mexico, Paris, Poland, Carthage, Dresden and Rome, to name a few. He does not focus on American culture alone, but on world culture, which, in imagination, he travels and claims repeatedly. Stern mines his own memory and fuses it with our shared history to reclaim and bring the past to the present, seemingly stopping, or at least slowing the passage of time.

The poems in *Esta Vez* are heavy with the weight of specifics. As Stern moves about the world and is transformed by the memories and imaginative leaps prompted by these places, we have the impression we are in the presence of a knowledgeable inhabitant of that place—a citizen of Anytown USA, for example, with a highway and a restaurant, and he is watching the tourists and reminiscing. The poem "No Wind" is typical of this: it fans out from this first image on the street to a chain of associations and allusions that span from a remembered suit, to a tailor in

Al leer los poemas de *Esta vez*, seleccionados de entre doce de sus libros, a menudo se tiene la impresión de estar escuchando a alguien contar parte de una historia, alguien en quien uno confía y a quien se desea escuchar aunque no se le conozca. El modo en que Stern presenta sus poemas nos ayuda a completar los detalles de lo que no está dicho. Una de sus magistrales técnicas narrativas consiste en que una idea u observación nos conduce a otra: en «Shouldering» [«En la cuneta»], Stern comienza explicando que él y otra persona estaban «rodeados de ranúnculos y flox», pero de inmediato hace una pausa para incorporar al lector en la historia. Continúa con «para que sepas qué mes era» y vuelve a la narración para llenar la escena con detalles sobre el neumático deshinchado, la música de Sarah Vaughn y Monk, el compromiso y la alegría que ambos interlocutores fueron capaces de extraer de un acontecimiento aparentemente negativo. Esta astucia pone al lector en situación a través de una reminiscencia forzada –atributo clave de estos poemas– y nos anima a recordar, aun cuando jamás hayamos experimentado tal suceso.

Stern se sumerge sin cesar en la memoria, en un intento por rescatar y recrear el pasado. Una manera de lograrlo es mencionar nombres: Stern ha declarado que ama los nombres por sí mismos, así como las «mentes preclaras». Son «como ciudades»; son «concentraciones de energía y memoria». Los nombres de lugares parecen seducirlo por las mismas razones. Además de las referencias personales –calles, playas, edificios, restaurantes y los pueblos y ciudades de Estados Unidos–, Stern también menciona ciudades y naciones lejanas: México, París, Polonia, Cartago, Dresde y Roma, por nombrar algunas. No se centra solo en la cultura de Estados Unidos, sino también en la universal, a la que acude en viajes imaginarios y en la cual se reafirma de manera constante. Stern ahonda en sus recuerdos personales y los fusiona con nuestra historia colectiva para así recuperar y traer el pasado al presente, para detener en apariencia, o por lo menos retardar, el paso del tiempo.

Paradise. And just as sudden and surprising as that shift occurs, the speaker sees a small girl and recognizes in her an imagined former life they shared in Córdoba, at the Great Mosque and in the Jewish quarter—here too, one has a sense of Stern's great allegiance to the Hasidic and the Sephardic-Spanish-Medieval traditions, to the intellectual and mystical, the learned and Biblical. Before the end of the poem, the speaker knows he will see this girl again in 800 years when all the problems of the world will be solved. Through this odd collapsing of time and space, uniting subject and object, Stern juxtaposes the visible—the Dutch Castle, the tote bags and harmonicas—and distant—Paradise, the Great Mosque and Jewish quarter in Córdoba—and redirects the linearity of time, exposing past, present and future in a passing moment in some small US town.

Stern's unique aesthetic is a result of his isolation from any specific guides—while Ashbery was in New York, rubbing shoulders with the likes of Frank O'Hara and Delmore Schwartz and others of the New York School, Stern was, as explained in an interview in the *Iowa Review*, "in Pittsburgh, the other side of the Allegheny mountains. Pre-television. No connection, no access to information. Living in dirt, filth, darkness, ignorance." Because of this disconnection it is hard to place him in a particular school or group even though he may share common attributes with various modes. His poetry can be read as sincere and ironic. In the first case, he shares similarities with the deep image poets such as Merwin and Bly. These poems are weighted with surreal and archetypal significance; they are serious, direct, unaffected and emotional. Distinct from the deep image poets, however, are those of a witty, subtle and cool poetry, the kind often associated with Ashbery. Stylistically, Stern and Ashbery have much in common: their whimsy, playfulness, conversational directness and abstraction, a displacement of logic and invention of unusual situations. But where Ashbery is detached, Stern's poems

Los poemas incluidos en *Esta vez* están repletos de detalles específicos. A medida que Stern se desplaza por el mundo le transforman los recuerdos y los saltos imaginarios propiciados por esos lugares, y tenemos la impresión de estar frente a un habitante reconocible –un ciudadano de cualquier pueblo de EE. UU., con su autopista y su restaurante– que observa a los turistas y, al hacerlo, evoca sus propios recuerdos. El poema «No Wind» [«Sin viento»] se distingue precisamente por eso: comienza con una imagen de la calle y se despliega en una cadena de asociaciones y alusiones que van desde el recuerdo de un traje hasta un sastre en Paradise. Y de manera tan repentina y sorprendente como ese cambio de dirección, de pronto el interlocutor ve a una niña pequeña y reconoce en ella una imaginaria vida anterior que ambos compartieron en Córdoba, en la Mezquita y en la judería –también aquí se aprecia la admiración profunda que Stern siente por las tradiciones jasídica e hispánica medieval sefardita, por lo intelectual y lo místico, lo erudito y lo bíblico–. Antes de que finalice el poema, el interlocutor sabe que dentro de 800 años volverá a ver a esa niña, cuando todos los problemas de la humanidad hayan sido resueltos. A través de este extraño colapso de tiempo y espacio, al unir sujeto y objeto, Stern yuxtapone lo visible –el Dutch Castle, las bolsas de plástico y las armónicas– a lo distante –Paradise, la Mezquita y la judería de Córdoba–, al mismo tiempo que redirige la linealidad del tiempo al mostrarnos el pasado, el presente y el futuro en un momento pasajero de un pueblecito de Estados Unidos.

La singular estética de Stern es el resultado de su aislamiento de cualquier guía específica; mientras Ashbery estaba en Nueva York, en compañía de Frank O'Hara, Delmore Schwartz y otros miembros de la Escuela de Nueva York, Stern se hallaba, como él mismo cuenta en una entrevista para el *Iowa Review*, «en Pittsburgh, al otro lado de las montañas Allegheny. En los días previos a la televisión. Sin conexión, sin acceso a la información. Viviendo entre suciedad, basura, oscuridad, ignorancia». Debido a esta desconexión

are deeply emotional; and where Stern's goal is to be understood, Ashbery is more ironic in this endeavor. Like the deep imagists, Stern wants his poems to resonate in several places at once, and he accomplishes this through varying the drama in his poems, through his amicable speakers, expressing the strange things they see, as well as a deep faith in the importance of particulars, no matter how slight, how odd. Stern also shares similarities with the confessional poets, but where the end goal of the confessional poem seems to be the self and suffering, Stern's poems do not end as self-referential discourses. On the contrary, they move out into the wider world touching everything in order to reach out to a larger history, not personal, but human in order to encounter some curative; there is suffering in Stern, but the suffering is transformative. All of these attributes, combined with a surprisingly unique engagement with memory, coalesce at the core of Stern's poetry. His style is discursive, inclusive; he includes whatever comes to him as he writes, creating poems accumulative in meaning; they are untamed, unruly, full of sub-plots, corrections and reversals, yet utterly pleasing.

Esta Vez is a perfect introduction to Stern's work, taking the reader from his early, sparer more allegorical and dreamlike poems, through to his work of the last few years, which typically relies on narrative progression, using longer meandering lines and phrases but never forgoing the lyric. These poems are also more political, touching upon Stern's feeling that his job, "as an artist, is to disturb the peace. And to disturb it intellectually, linguistically, politically and literally." Read Gerald Stern not because he is the American poet who should have been translated into Spanish twenty years ago, not because he is the contemporary of Ashbery and Merwin, and not because he is the ancestor of the new generations of emerging poets writing in the United States today. Read Stern because his poems will leave an imprint on you; read him because his poetry will remind you how to recognize beauty

es difícil incluirlo dentro de una escuela o tradición concreta a pesar de compartir atributos con algunas de ellas. Su poesía puede ser considerada tan sincera como irónica. En el primer caso, comparte similitudes con Merwin y Bly, poetas que pertenecen al movimiento Deep Image [Imagen Profunda]. Ambos escriben poemas cargados de connotaciones surrealistas y arquetípicas, son directos, poseen seriedad, sinceridad y emoción. No obstante, y a diferencia de los poetas del Deep Image, existe una poesía ingeniosa, sutil y fresca, que se asocia más con Ashbery. Estilísticamente, Stern y Ashbery tienen mucho en común: fantasía, juego, estilo coloquial directo y abstracción, el desplazamiento de la lógica y la invención de situaciones inauditas. Pero mientras que Ashbery es objetivo, los poemas de Stern son profundamente emotivos; y mientras que la finalidad de Stern es ser comprendido, Ashbery parece ser más irónico en esta empresa. Al igual que los poetas del Deep Image, Stern quiere que sus poemas resuenen en varios lugares al mismo tiempo, y lo logra mediante la variedad de situaciones dramáticas, a través de sus interlocutores cercanos, que expresan la rareza de lo que ven, así como a través de una profunda fe en la importancia de los detalles, por muy leves o singulares que estos parezcan. Stern también comparte similitudes con los poetas confesionales, pero mientras el principal objetivo de estos parece ser el individuo y su sufrimiento, la poesía de Stern no se limita a un discurso autorreferencial. Por el contrario, sus poemas se sumergen en un mundo más amplio, tocándolo en su totalidad con el fin de llegar a una historia más vasta, no solo personal, sino humana, para acentuar así su poder curativo; hay lugar para el sufrimiento en la poesía de Stern, pero el sufrimiento es siempre algo regenerador. Todos estos atributos, combinados con un sorprendente y único compromiso con la memoria, se fusionan en el núcleo de su obra. Su estilo es discursivo, inclusivo; aprovecha todo lo que acude a él mientras escribe, y el resultado son unos poemas que acumulan un significado tras otro; son indómitos, turbulentos, repletos de subtramas, co-

in the mundane world; read Stern because his poems are valuable artifacts of the human experience, relics that must be honored and praised, studied in order to live a more valuable life.

Curtis Bauer
Lubbock, Texas

rrecciones y reversos, pero, por encima de todo, son absolutamente placenteros.

Esta vez es una obra perfecta para conocer la poesía de Gerald Stern, puesto que lleva al lector desde sus primeros poemas, más alegóricos y oníricos, hasta el trabajo de sus últimos años, el cual, en términos generales, se basa en la progresión narrativa, al tiempo que emplea frases y versos cada vez más largos y sinuosos, sin dejar de lado el lirismo. Los poemas se vuelven cada vez más políticos, siguiendo la percepción de Stern de que su trabajo, «como artista, es perturbar la paz. Y perturbarla intelectual, lingüística, política y literalmente». Lean a Gerald Stern, no solo porque es un poeta que debió haber sido traducido al castellano hace veinte años, ni tampoco por ser contemporáneo de Ashbery y Merwin, ni siquiera por ser el precursor de las nuevas generaciones de poetas emergentes en Estados Unidos. Lean a Stern porque sus poemas dejan huella en el lector, porque su poesía nos permite reconocer la belleza del mundo que nos rodea; lean a Stern porque sus poemas son valiosos artefactos de la experiencia humana, vestigios que han de ser no solo honrados y elogiados, sino también analizados para ayudarnos a vivir una vida más plena.

Curtis Bauer
Lubbock, Texas

THIS TIME

ESTA VEZ

I. Rejoicings
(1973)

I. Regocijos
(1973)

The Bite

I didn't start taking myself seriously as a poet
until the white began to appear in my cheek.
All before was amusement and affection—
now, like a hare, like a hare, like a hare,
I watch the turtle lift one horrible leg
over the last remaining stile and head
for home, practically roaring with virtue.
   Everything, suddenly everything is up there in the mind,
   all the beauty of the race gone
   and my life merely an allegory.

El mordisco

No empecé a tomarme en serio como poeta
hasta que el pelo blanco empezó a asomar en la barbilla.
Antes todo era diversión y afecto;
ahora, como una liebre, una liebre, una liebre
veo a la tortuga alzar su horrenda pata
sobre el último escalón por subir antes de
volver a casa, henchida de ventaja.
   De pronto, todo parece venir de arriba, de la mente,
   la belleza de la carrera ha desaparecido
   y mi vida es apenas una alegoría.

The Naming of Beasts

You were wrong about the blood.
It is the meat-eating lamb we are really terrified of,
not the meat-eating lion.
The noisy Soul shrieking and spitting and bleeding set us off—
the smell of nice clean grass confused us.
It is the eyes, it is the old sweet eyes showing just a little fear.
It is the simple mouth full of honest juices.
It is the little legs crossed at the bony joints.
—It is not greed—it can't be greed—it is fasting;
it is not divorce—it is custody;
it is not blood—it is supineness.

Nombrar a las bestias

Te equivocabas con respecto a la sangre.
Es en realidad el cordero-come-carne el que nos aterra,
no el león-come-carne.
El Alma indómita que grita, escupe y sangra nos inspiró;
el aroma de la hierba clara y limpia nos aturdió.
Son los ojos, los dulces ojos de siempre que apenas muestran miedo.
Es la boca humilde llena de sinceros jugos.
Son las piernecitas cruzadas sobre las óseas articulaciones.
No es la codicia –no puede ser la codicia–, es el ayuno;
no es el divorcio, es la custodia;
no es la sangre, es la supinación.

II. Lucky Life
(1977)

II. Vida afortunada
(1977)

Lucky Life

Lucky life isn't one long string of horrors
and there are moments of peace, and pleasure, as I lie in between
[the blows.
Lucky I don't have to wake up in Phillipsburg, New Jersey,
on the hill overlooking Union Square or the hill overlooking
Kuebler Brewery or the hill overlooking SS. Philip and James
but have my own hills and my own vistas to come back to.

Each year I go down to the island I add
one more year to the darkness;
and though I sit up with my dear friends
trying to separate the one year from the other,
this one from the last, that one from the former,
another from another,
after a while they all get lumped together,
the year we walked to Holgate,
the year our shoes got washed away,
the year it rained,
the year my tooth brought misery to us all.

This year was a crisis. I knew it when we pulled
the car onto the sand and looked for the key.
I knew it when we walked up the outside steps
and opened the hot icebox and began the struggle
with swollen drawers and I knew it when we laid out
the sheets and separated the clothes into piles
and I knew it when we made our first rush onto
the beach and I knew it when we finally sat
on the porch with coffee cups shaking in our hands.

Vida afortunada

Por suerte la vida no es una larga cadena de horrores
y hay momentos de paz, y placer, mientras me defiendo de los
                                                       [golpes.
Por suerte no tengo que despertar en Phillipsburg, Nueva Jersey,
en la colina que da a Union Square o en la colina que da a
Kuebler Brewery o la colina que da a SS. Philip and James
sino que tengo mis propias colinas y sitios a donde debo regresar.

Cada año que bajo a la isla le añado
un año más a la oscuridad;
y aunque converso con entrañables amigos
intentando separar un año del otro,
este del anterior, aquel del que le precede,
otro de otro,
después de un rato todos los años se amontonan,
el año que caminamos a Holgate,
el año que el agua arrastró nuestros zapatos,
el año que llovió,
el año que mi muela nos trajo miseria a todos.

Este año fue crítico. Lo supe cuando aparcamos
el coche en la arena y buscamos la llave.
Lo supe cuando subimos las escaleras exteriores
y abrimos la nevera caliente y empezó el forcejeo
con los cajones trabados y lo supe cuando extendimos
las sábanas y separamos la ropa en montones
y lo supe cuando corrimos por primera vez hacia
la playa y lo supe cuando nos sentamos al fin
en el porche con tazas de café temblando en las manos.

My dream is I'm walking through Phillipsburg, New Jersey,
and I'm lost on South Main Street. I am trying to tell,
by memory, which statue of Christopher Columbus
I have to look for, the one with him slumped over
and lost in weariness or the one with him
vaguely guiding the way with a cross and globe in
one hand and a compass in the other.
My dream is I'm in the Eagle Hotel on Chamber Street
sitting at the oak bar, listening to two
obese veterans discussing Hawaii in 1942,
and reading the funny signs over the bottles.
My dream is I sleep upstairs over the honey locust
and sit on the side porch overlooking the stone culvert
with a whole new set of friends, mostly old and humorless.

Dear waves, what will you do for me this year?
Will you drown out my scream?
Will you let me rise through the fog?
Will you fill me with that old salt feeling?
Will you let me take my long steps in the cold sand?
Will you let me lie on the white bedspread and study
the black clouds with the blue holes in them?
Will you let me see the rusty trees and the old monoplanes one
                                             [more year?
Will you still let me draw my sacred figures
and move the kites and the birds around with my dark mind?

Lucky life is like this. Lucky there is an ocean to come to.
Lucky you can judge yourself in this water.
Lucky you can be purified over and over again.
Lucky there is the same cleanliness for everyone.
Lucky life is like that. Lucky life. Oh lucky life.
Oh lucky lucky life. Lucky life.

Mi sueño es que voy paseando por Phillipsburg, Nueva Jersey,
y que estoy perdido en la calle Main sur. Intento decidir,
de memoria, qué estatua de Cristóbal Colón
tengo que buscar, esa en la que él está demacrado
y perdido de cansancio o esa en la que él
vagamente muestra el camino con una cruz y una esfera en
una mano y una brújula en la otra.
Mi sueño es que estoy en el hotel Eagle en la calle Chamber
sentado tras la barra de roble, escuchando a dos
veteranos obesos hablar de Hawai en 1942,
leyendo los letreros graciosos sobre las botellas.
Mi sueño es que duermo arriba, sobre la acacia negra
y me siento en el porche lateral que da a la alcantarilla de piedra
con un nuevo grupo de amigos, la mayoría ancianos y ariscos.

Queridas olas, ¿qué haréis por mí este año?
¿Ahogaréis mi grito?
¿Me dejaréis alzarme a través de la niebla?
¿Me llenaréis con esa antigua sensación de sal?
¿Me dejaréis dar largos pasos en la fría arena?
¿Me dejaréis echarme sobre la blanca colcha de espuma a observar
las nubes oscuras con agujeros azules?
¿Me dejaréis ver los árboles oxidados y los viejos monoplanos un
                                              [año más?
¿Me dejaréis trazar mis figuras sagradas
y mover las cometas y los pájaros con mi mente oscura?

La vida afortunada es así. Por suerte hay un océano al que volver.
Por suerte te puedes juzgar a ti mismo en esta agua.
Por suerte te puedes purificar una y otra vez.
Por suerte existe la misma limpieza para todos.
La vida afortunada es así. La vida afortunada. Oh vida afortunada.
Oh vida afortunada, muy afortunada. Vida afortunada.

Morning Harvest

        Pennsylvania spiders
not only stretch their silk between the limbs
of our great trees but hang between our houses
and pull their sheets across the frantic eyes
of cats and the soft chests of men.
Some are so huge they move around like mammals,
wadding slowly over the rough cement
and into the bushes to nurse their young or feed
on berries and crunch on bones.
But it is the ones that live in the iron bridge
going across to Riegelsville, New Jersey,
that are the most artistic and luxurious.
They make their webs between the iron uprights
and hang them out in the dew above the river
like a series of new designs on display,
waiting for you to choose the one most delicate,
waiting for you just to touch the sticky threads
as you look at their soft silk, as you love them.

If your mind is already on business,
even if your mind is still into your dream,
you will be shocked by their beauty and you will seat there
two minutes, two hours, a half a century you will sit there
until the guards begin to shout, until they rush up in confusion
and bang on your window and look at you in fear.
You will point with your left finger at the sun
and draw a tracery in the cold air,
a dragline from door handle to door handle,
foundation lines inside the windows,

Cosecha matutina

        Las arañas de Pensilvania
no solo extienden su seda entre las ramas
de nuestros grandes árboles, sino que penden de nuestras casas
y arrojan sus telas sobre los ojos febriles
de los gatos y el suave pecho de los hombres.
Algunas son tan grandes que avanzan como mamíferos,
vadean torpes el duro cemento
y se adentran en los arbustos para amamantar a las crías o comer
bayas y apurar huesos.
Pero son las que viven en el puente de hierro
que llega hasta Riegelsville, Nueva Jersey,
las más artísticas y opulentas.
Hacen sus telarañas entre las columnas de hierro
y las dejan colgadas del rocío sobre la corriente
como una serie de tapices con nuevos diseños,
esperando a que elijas el más delicado,
esperando a que toques sus hilos pegajosos
y admires su suave seda, mientras te enamoras.

Si tu mente ya está en funcionamiento,
o aunque tu mente aún no haya salido de su ensueño,
te impactará su belleza y te sentarás allí
dos minutos, dos horas, medio siglo estarás allí sentado
hasta que los guardias empiecen a gritar, hasta que se precipiten en
                                          [la confusión
y toquen la ventanilla y te miren aterrorizados.
Señalarás con el dedo izquierdo al sol
y dibujarás la tracería sobre el aire frío,
una red de arrastre de puerta a puerta,
líneas fundacionales en las ventanas,

long radials from the panel to the headrest
and gluey spirals turning on the radials;
and you will sit in the center of your web
like a rolled-up leaf or a piece of silent dirt,
pulling gently on your loose trapline.
They will scream in your ear,
they will tear desperately at the sheets,
they will beg for air
before you finally relieve them by starting your engine
and moving reluctantly over the small bridge.

Do not regret your little bout with life in the morning.
If you drive slowly you can have almost one minute
to study the drops of silver hanging in the sun
before you turn the corner past the gatehouse
and down the road beside the railroad cars
and finally over the tracks and up the hill
to the morning that lies in front of you like one more design.

It is the morning I live in and travel through,
the morning of children standing in the driveways,
of mothers wrapping their quilted coats around them
and yellow buses flashing their lights like berserk police cars.

It is lights that save us, lights that light the way,
blue lights rushing in to help the wretched,
red lights carrying twenty pounds of oxygen down the highway,
white lights entering the old Phoenician channels
bringing language and mathematics and religion into the
                                              [darkness.

largas radiales desde el panel hasta el reposacabezas
y viscosas espirales girando sobre las radiales;
y te sentarás en el centro de tu red
como una hoja enrollada o una mota de polvo en silencio,
tirando suavemente del hilo de la trampa.
Ellos te gritarán al oído,
intentarán en vano rasgar las telas,
suplicarán una bocanada de aire
hasta que al fin los liberes poniendo el motor en marcha
y avanzando a regañadientes sobre el pequeño puente.

No lamentes el breve encuentro con la vida de esta mañana.
Si conduces despacio podrás disponer de casi un minuto
para estudiar las gotas de plata que cuelgan al sol
antes de doblar la esquina tras la garita
y luego calle abajo junto a los vagones del tren
para al final cruzar las vías y subir la loma
hacia la mañana que se extiende ante ti como un diseño más.

Es la mañana en la que vivo y a través de la cual viajo,
la mañana que pertenece a los chicos en el camino de entrada,
a las madres que los abrigan con acolchadas prendas
y a los autobuses amarillos con luces que destellan como locos
                                        [coches de policía.

Son las luces que nos salvan, luces que iluminan el camino,
luces azules que acuden al auxilio de los desventurados,
luces rojas que transportan setenta y cinco litros de oxígeno
                                        [autovía abajo,
luces blancas que se adentran en los antiguos canales fenicios
y llevan el lenguaje, las matemáticas y la religión hacia la oscuridad.

96 Vandam

I am going to carry my bed into New York City tonight
complete with dangling sheets and ripped blankets;
I am going to push it across three dark highways
or coast along under 600,000 faint stars.
I want to have it with me so I don't have to beg
for too much shelter from my weak and exhausted friends.
I want to be as close as possible from my pillow
in case a dream or a fantasy should pass by.
I want to fall asleep on my own fire escape
and wake up dazed and hungry
to the sound of garbage grinding in the street below
and the smell of coffee cooking in the window above.

96 Vandam

Voy a llevar mi cama a Nueva York esta noche
con sus sábanas colgando y con sus mantas raídas;
la voy a empujar a través de tres avenidas oscuras
o voy a lo largo de la costa bajo 600.000 pálidas estrellas.
La quiero conmigo para no tener que pedir
demasiados favores a mis pobres amigos en apuros.
Quiero estar lo más cerca posible de mi almohada
no sea que me visiten un sueño o una fantasía.
Quiero quedarme dormido en mi propia escalera de incendios
y despertar aturdido y hambriento
con el sonido de la trituradora de la basura abajo en la calle
y el aroma a café hirviendo que llega desde la ventana de arriba.

On the Island

After cheating each other for eighteen years
this husband and this wife are trying to do something with the
[three
days they still have left before they go back to the city;
and after cheating the world for fifty years these two old men
touch the rosy skin under their white hair and try to remember
the days of solid brass and real wood
before the Jews came onto the island.
They are worried about the trees in India
and the corruption in the Boy Scouts
and the climbing interest rate,
but most of all they spent their time remembering
the beach the way it was in the early thirties
when all the big hotels here were shaped like Greek churches.

Me, I think about the salt
and how my life will one day be clean and simple
if only I can reduce it all to salt,
how I will no longer lie down like a tired dog,
whispering and sighing before I go to sleep,
how I will be able to talk to someone
without going from pure joy to silence
and touch someone
without going from truth to concealment.

Salt is the only thing that lasts on this island.
It gets into the hair, into the eyes, into the clothes,
into the wood, into the metal.
Everything is going to disappear here but the salt.
The flags will go, the piers,

En la isla

Tras haberse engañado el uno al otro durante dieciocho años
este marido y su esposa tratan de aprovechar los tres
días que aún les quedan antes de volver a la ciudad;
y tras haber engañado al resto del mundo cincuenta años estos dos
                                                              [ancianos
se tocan la piel rosada bajo el pelo blanco y tratan de recordar
los días del latón macizo y la madera noble
antes de que los judíos llegaran a la isla.
Les preocupan los árboles en la India
y la corrupción de los Boy Scouts
y la subida de los tipos de interés,
pero sobre todo pasan el tiempo recordando
como era la playa a principios de los años treinta
cuando todos los grandes hoteles de aquí parecían iglesias griegas.

Yo, yo solo pienso en la sal
y en cómo mi vida será algún día limpia y sencilla
si consigo reducirlo todo a sal,
cómo no estaré aquí echado como un perro exhausto,
gimiendo y suspirando antes de irme a dormir,
cómo podré hablar con alguien
sin pasar de la más pura alegría al silencio,
y tocar a alguien
sin ir de la verdad al disimulo.

La sal es lo único que perdura en esta isla.
Se mete en el pelo, en los ojos, en la ropa,
en la madera, en el metal.
Todo aquí desaparecerá menos la sal.
Las banderas se desvanecerán, los muelles,

the gift shops, the golf courses, the clam bars,
and the telephone poles and the rows of houses and the string of
[cars.

I like to think of myself turned to salt
and all that I love turned to salt;
I like to think of coating whatever is left
with my own tongue and fingers.
I like to think of floating again in my first home,
still remembering the warm rock
and its slow destruction,
still remembering the first conversion to blood
and the forcing of the sea into those cramped vessels.

las tiendas de regalos, los campos de golf, los bares de ostras,
y los postes de teléfono y las filas de casas y las hileras de
                                    [coches.

Me gusta pensar en mí mismo convertido en sal
y en todo lo que amo convertido en sal;
me gusta pensar que cubro todo lo que queda
con mi propia lengua y dedos.
Me gusta pensar que floto de nuevo en mi primer hogar,
recuerdo aún la cálida roca
y su lenta destrucción,
recuerdo aún la primera conversión en sangre
y la irrupción del mar en aquellas embarcaciones exiguas.

The power of Maples

If you want to live in the country you have to understand the
                                            [power of maples.
You have to see them sink their teeth into the roots of the old
                                            [locusts.
You have to see them force the sycamores to gasp for air.
You have to see them move their thick hairs into the cellar.
    And when you cut your great green shad pole
you have to be ready for it to start sprouting in your hands;
you have to stick it in the ground like a piece of willow;
you have to plant your table under its leaves and begin eating.

La fuerza de los arces

Si quieres vivir en el campo tienes que entender la fuerza de
[los arces.
Tienes que verlos hundir sus dientes en las raíces de las viejas
[acacias.
Tienes que verlos ahogan a los sicomoros hasta dejarlos sin
[aliento.
Tienes que verlos llevar su gruesa cabellera hasta el sótano.
   Y cuando cortes tu fabulosa vara verde para pescar
tienes que estar listo para verla brotar entre tus manos;
tienes que clavarla en la tierra como un trozo de sauce;
tienes que plantar tu mesa bajo sus hojas y empezar a comer.

Behaving Like a Jew

When I got there the dead opossum looked like
an enormous baby sleeping on the road.
It took me only a few seconds—just
seeing him there—with the hole in his back
and the wind blowing through his hair
to get back again into my animal sorrow.
I am sick of the country, the bloodstained
bumpers, the stiff hairs sticking out of the grilles,
the slimy highways, the heavy birds
refusing to move;
I am sick of the spirit of Lindbergh over everything,
that joy in death, that philosophical
understanding of carnage, that
concentration on the species.
—I am going to be unappeased at the opossum's death.
I am going to behave like a Jew
and touch his face, and stare into his eyes,
and pull him off the road.
I am not going to stand in a wet ditch
with the Toyotas and the Chevys passing over me
at sixty miles an hour
and praise the beauty and the balance
and lose myself in the immortal lifestream
when my hands are still a little shaky
from his stiffness and his bulk
and my eyes are still weak and misty
from his round belly and his curved fingers
and his black whiskers and his little dancing feet.

Comportarse como un judío

Cuando llegué la zarigüeya muerta parecía
un enorme bebé dormido en la carretera.
Me llevó tan solo unos pocos segundos, nada más
verla allí tirada, con el agujero en la espalda
y el viento soplando a través de su pelaje,
volver de nuevo a mi dolor animal.
Estoy harto del campo, los parachoques
ensangrentados, los pelos tiesos asomando por las rejillas,
los caminos enlodados, los pájaros pesados
que rehúsan moverse;
estoy harto del espíritu de Lindbergh sobre todo,
ese gozo en la muerte, esa comprensión
filosófica de la carnicería, esa
concentración en la especie.
No me voy a conformar con la muerte de esa zarigüeya.
Voy a comportarme como un judío,
y a tocar su cara, y a mirarla fijamente a los ojos,
y a arrastrarla a un lado de la carretera.
No me voy a quedar de pie en una húmeda cuneta
con los Toyota y los Chevy pasándome al lado
a cien kilómetros por hora
y elogiar la belleza y el equilibrio
y dejarme arrastrar por la corriente inmortal de la vida
cuando mis manos aún tiemblan un poco
a causa de su rigidez y su peso
y mis ojos están aún débiles y empañados
a causa de su vientre hinchado y sus dedos curvados
y sus bigotes negros y sus pequeños pies danzantes.

If You Saw Me Walking

If you saw me walking one more time on the island
you would know how much the end of August meant to me;

and if you saw me singing as I slid over the wet stones
you would know I was carrying the secret of life in my hip pocket.

If my lips moved too much
you would follow one step behind to protect me;

if I fell asleep too soon
you would cover me in light catalpa or dry willow.

Oh if I wore a brace you would help me, if I stuttered
you would hold my arm, if my heart beat with fear

you would throw a board across the channel, you would put
out a hand to catch me, you would carry me on your back.

If you saw me swim back and forth through the algae
you would know how much I love the trees floating under me;

and if you saw me hold my leaf up to the sun
you would know I was still looking for my roots;

and if you saw me burning wood
you would know I was trying to remember the smell of maple.

If I rushed down the road buttoning my blue shirt—
if I left without coffee—if I forgot my chewed up pen—

Si me vieras caminar

Si me vieras caminar una vez más en la isla
sabrías lo mucho que el final de agosto significó para mí;

y si me vieras cantar mientras me deslizo sobre las piedras mojadas
sabrías que llevaba el secreto de la vida en el bolsillo.

Si mis labios se movieran demasiado
me seguirías un paso atrás para protegerme;

si me durmiera demasiado pronto
me cubrirías con una ligera catalpa o con un sauce seco.

Oh, si llevara un corsé me ayudarías, si tartamudeara
me tomarías del brazo, si mi corazón latiera de miedo

me tenderías una tabla por el canal, alargarías
una mano para agarrarme, me llevarías sobre tu espalda.

Si me vieras nadar de acá para allá a través de las algas
sabrías lo mucho que amo los árboles que flotan debajo de mí;

y si me vieras con mi hoja a contraluz
sabrías que aún estoy buscando mis raíces;

y si me vieras quemar leña
sabrías que estaba tratando de recordar el olor a arce.

Si corriera por la calle abrochándome la camisa azul,
si saliera sin café, si olvidara lápiz mordisqueado,

you would know there was one more day of happiness before the water rose again for another year.

sabrías que hubo un día más de felicidad
antes de que el agua subiera de nuevo un año más.

III. The Red Coal
(1981)

III. La brasa roja
(1981)

The Red Coal

Sometimes I sit in my blue chair trying to remember
what it was like in the spring of 1950
before the burning coal entered my life.

I study my red hand under the faucet, the left one
below the grease line consisting of four feminine angels
and one crooked broken masculine one

and the right one lying on top of the white porcelain
with skin wrinkled up like a chicken's
beside the razor and the silver tap.

I didn't live in Paris for nothing and walk
with Jack Gilbert down the wide sidewalks
thinking of Hart Crane and Apollinaire

and I didn't save the picture of the two of us
moving through a crowd of stiff Frenchmen
and put it beside the one of Pound and Williams

unless I wanted to see what coals had done
to their lives too. I say it with vast affection,
wanting desperately to know what the two of them

talked about when they lived in Pennsylvania
and what they talked about at St. Elizabeth's
fifty years later, looking into the sun,

40,000 wrinkles between them,
the suffering finally taking over their lives.
I think of Gilbert all the time now, what

La brasa roja

A veces me siento en mi silla azul intentando recordar
cómo era todo en la primavera de 1950
antes de que la brasa ardiente entrara en mi vida.

Estudio mi mano roja bajo la boca del grifo, la izquierda,
bajo la línea de grasa que consiste en cuatro ángeles femeninos
y uno torcido, roto y masculino

y la diestra posada encima de la porcelana blanca
con la piel arrugada como la de un pollo
junto a la cuchilla de afeitar y el grifo plateado.

No por nada vivía en París y caminaba
con Jack Gilbert por las amplias avenidas
pensando en Hart Crane y Apollinaire

y no guardaba la imagen de nosotros dos
pasando a través de una multitud de franceses estirados
y la ponía junto a la de Pound y Williams

sino para ver lo que las brasas habían hecho
también con sus vidas. Lo digo con un enorme afecto,
deseando con todas mis fuerzas saber de qué

hablaron cuando vivían en Pensilvania
y de qué hablaron en el hospital de St. Elizabeth
cincuenta años después, mirando al sol,

40.000 arrugas entre ellos,
mientras el sufrimiento se apoderaba al fin de sus vidas.
Ahora pienso en Gilbert todo el tiempo, lo que

we said on our long walks in Pittsburgh, how
lucky we were to live in New York, how strange
his great fame was and my obscurity,

how we now carry the future with us, knowing
every small vein and every elaboration.
The coal has taken over, the red coal

is burning between us and we are at its mercy—
as if a power is finally dominating
the two of us; as if we're huddled up

watching the black smoke and the ashes;
as if knowledge is what we needed and now
we have that knowledge. Now we have that knowledge.

The tears are different—though I hate to speak
for him—the tears are what we bring back to the
darkness, what we are left with after our

own escape, what, all along, the red coal had
in store for us as we moved softly,
either whistling or singing, either listening or reasoning,

on the gray sidewalks and the green ocean;
in the cars and the kitchens and the bookstores;
in the crowded restaurants, in the empty woods and libraries.

dijimos en nuestros largos paseos por Pittsburgh, qué
suerte teníamos de vivir en Nueva York, lo rara
que fue su enorme fama y mi anonimato,

cómo ahora llevamos el futuro con nosotros, conociendo
cada fina vena y cada detalle.
La brasa se ha hecho cargo, la brasa roja

está ardiendo entre nosotros y nosotros estamos a su merced,
como si una fuerza nos estuviera al fin dominando
a ambos; como si estuviéramos acurrucados

mirando el humo negro y las cenizas;
como si conocer fuera lo que nos hacía falta y ahora
tuviéramos ese conocimiento. Ahora tenemos ese conocimiento.

Las lágrimas son distintas –aunque odio hablar
por él–, las lágrimas son lo que devolvemos a la
oscuridad, lo único que nos queda tras nuestra

propia huida, lo que, desde el principio, la brasa roja tenía
guardado para nosotros mientras nos movíamos con suavidad,
bien silbando o cantando, bien escuchando o razonando,

sobre las grises aceras y el verde océano;
en los coches y las cocinas y las librerías;
en los restaurantes abarrotados, en los bosques vacíos y las
                                                                            [bibliotecas.

I Remember Galileo

I remember Galileo describing the mind
as a piece of paper blown around by the wind,
and I loved the sight of it sticking to a tree
or jumping into the backseat of a car,
and for years I watched paper leap through my cities;
but yesterday I saw the mind was a squirrel caught crossing
Route 80 between the wheels of a giant truck,
dancing back and forth like a thin leaf,
or a frightened string, for only two seconds living
on the white concrete before he got away,
his life shortened by all that terror, his head
jerking, his yellow teeth ground down to dust.

It was the speed of the squirrel and his lowness to the ground,
his great purpose and the alertness of his dancing,
that showed me the difference between him and paper.
Paper will do in theory, when there is time
to sit back in a metal chair and study shadows;
but for this life I need a squirrel,
his clawed feet spread, his whole soul quivering,
the hot wind rushing through his hair,
the loud noise shaking him from head to tail.
    O philosophical mind, O mind of paper, I need a squirrel
finishing his wild dash across the highway,
rushing up his green ungoverned hillside.

Recuerdo a Galileo

Recuerdo a Galileo describir la mente
como un trozo de papel que el viento arrastra,
y me encantó la imagen de este pegándose a un árbol
o saltando al asiento trasero de un coche,
y durante años he visto papeles volar a través de mis ciudades;
pero ayer vi que la mente era una ardilla atrapada al cruzar
la Ruta 80 entre las ruedas de un camión gigante,
bailando de un lado a otro como una delgada hoja,
o un hilo asustado, apenas dos segundos de vida
sobre el hormigón blanco antes de escapar,
la vida acortada por todo aquel terror, su cabeza
que tiembla, los dientes amarillos pulverizados.

Fue la velocidad de la ardilla y su cercanía al suelo,
su enorme resolución y la agilidad de su danza
lo que me enseñó la diferencia entre ella y el papel.
El papel será útil en teoría, cuando haya tiempo
de sentarse en una silla de metal a estudiar sombras;
pero para esta vida yo necesito una ardilla,
sus patas acabadas en garras extendidas, su alma trémula,
el viento cálido que corre por su pelo,
el fuerte ruido que la hace temblar de la cabeza a la cola.
    Oh mente filosófica, oh mente de papel, necesito una ardilla
que con su salvaje carrera consiga cruzar la autopista,
que suba a toda prisa la verde ladera desgobernada.

Cow Worship

I love the cows best when they are a few feet away
from my dining-room window and my pine floor,
when they reach in to kiss me with their wet
mouths and their white noses.
I love them when they walk over the garbage cans
and across the cellars doors,
over the sidewalk and through the metal chairs
and the birdseed.
—Let me reach out through the thin curtains
and feel the warm air of May.
It is the temperature of the whole galaxy,
all the bright clouds and clusters,
beasts and heroes,
glittering singers and isolated thinkers
at pasture.

Adoración bovina

Me gustan más las vacas cuando están solo a unos metros
de la ventana del comedor y del suelo de pino,
cuando se acercan a besarme con sus húmedas
bocas y sus narices blancas.
Me encantan cuando pasan sobre los cubos de basura
y cruzan las puertas del sótano,
por las aceras y entre las sillas de metal
y el alpiste.
Deja que descorra las finas cortinas
para sentir el aire cálido de mayo.
Es la temperatura de toda la galaxia,
de todas las nubes y los cúmulos brillantes,
bestias y héroes,
brillantes cantoras y pensadoras aisladas
que pastan.

June Fourth

Today as I ride down Twenty-fifth Street I smell honeysuckle
rising from Shell and Víctor Balata and K-Diner.
The goddess of sweet memory is there
staggering over fruit and drinking old blossoms.
A man in white socks and a blue T-shirt
is sitting on the grass outside Bethlehem Steel
eating lunch and dreaming.
Before he walks back inside he will be changed.
He will remember when he stands again under the dirty windows
a moment of great misgiving and puzzlement
just before sweetness ruined him and thinking
tore him apart. He will remember lying
on his left elbow studying the sky,
and the loss he felt, and the sudden freedom,
the mixture of pain and pleasure—terror and hope—
what he calls "honeysuckle."

Cuatro de junio

Hoy mientras conduzco por la calle 25 huelo la madreselva
que sube del Shell y del Víctor Balata y del K-Diner.
Allí está la diosa del dulce recuerdo
que se tambalea sobre la fruta y bebe viejas flores.
Un hombre con calcetines blancos y camiseta azul
está sentado en la hierba afuera del Bethlehem Steel
mientras come y sueña.
Antes de volver adentro habrá sido transformado.
Recordará, cuando esté de pie de nuevo junto a los sucios ventanales,
un instante de recelo y asombro,
justo antes de que la dulzura lo embargara y el pensamiento
lo partiera en dos. Recordará haber estado tendido
sobre el codo izquierdo observando el cielo,
y aquella sensación de pérdida, y la repentina libertad,
la mezcla de dolor y placer –terror y esperanza–,
lo que él llama «la madreselva».

The Roar

That was the last time I would walk up those five
flights with a woman in tow, standing
in the hall patiently trying my keys,
listening to my heart pounding from the climb.

And the last time I would sit in front of the
refrigerator, drinking white wine and asking
questions, and lecturing—like a spider—
and rubbing my hand through my hair—like a priest.

Look at me touch the burning candle
with my bare palm and press a rusty knife
against my left eyelid while she undresses.

Look at me rise through the cool airshaft
and snore at the foot of the bed with one hand
on her knee and one hand touching the white floor,

the red and blue beacon of Empire
just beyond those little houses
as familiar now as my cripple birch

and the endless roar out there
as sweet as my own roar
in my other dream, on the cold and empty river.

El rugido

Aquella sería la última vez que subiría esos cinco
pisos en compañía de una mujer, de pie
en el pasillo, probando con paciencia las llaves,
escuchando mi corazón latir con fuerza por el ascenso.

Y la última vez que me sentaría frente
a la nevera, bebiendo vino blanco y haciendo
preguntas, y pontificando –como una araña–
y atusándome una y otra vez el pelo –como un cura–.

Mira cómo toco la vela encendida
con la palma de la mano y aprieto un cuchillo oxidado
contra mi párpado izquierdo mientras ella se desviste.

Mira cómo me elevo sobre el conducto de ventilación,
y ronco a los pies de la cama con una mano
sobre la rodilla de ella y una mano tocando el blanco suelo,

el faro rojo y azul del Empire
justo tras esas casitas
tan familiar ahora como mi raquítico abedul

y el interminable rugido afuera
tan dulce como mi propio rugido
en mi otro sueño, sobre el frío y desolado río.

No Wind

Today I am sitting outside the Dutch Castle
on Route 30 near Bird in Hand and Blue Ball,
watching the Amish snap their suspenders at the sunglasses.
I am dreaming of my black suit again
and the store in Paradise where I will be fitted out for life.
    A small girl and I recognize each other
from our former life together in Córdoba.
We weep over the plastic tote bags, the apple combs and the
                              [laughing harmonicas,
and fall down on the hot carpet
remembering the marble forest
of the Great Mosque
and the milky walls
of the Jewish quarter.
    I will see her again in 800 years
when all this is sorted out.
I give it that much time
based on the slack mind,
the dirty drinking water and the slow decay.
I give it at least that much time
before we lie down again in the tiny lilacs
and paper love houses of the next age.

Sin viento

Hoy estoy sentado afuera del Dutch Castle
en la Ruta 30 cerca del Bird in Hand y el Blue Ball,
veo a los amish chasquear sus tirantes ante las gafas de sol.
Sueño con mi traje negro otra vez
y con la tienda en Paradise donde seré vestido para toda la vida.
    Una niña pequeña y yo nos reconocemos
de una vida anterior juntos en Córdoba.
Lloramos sobre los bolsos de plástico, los canutillos de manzana
                             [y las alegres armónicas
y caemos sobre la cálida moqueta
recordando el bosque de mármol
de la Mezquita
y las paredes color de leche
de la judería.
    La volveré a ver dentro de 800 años
cuando lo tenga todo más claro.
Le concedo todo ese tiempo
teniendo en cuenta mi torpe memoria,
la suciedad del agua potable y el lento deterioro.
Le concedo al menos ese tiempo,
antes de acostarnos de nuevo sobre las lilas diminutas
y los paraísos de papel de la siguiente era.

Here I Am Walking

Here I am walking between Ocean and Neptune,
sinking my feet in mile after mile of wet life,
I am practically invisible
in the face of all this clutter,
either straying near the benches over the buried T-shirts
or downhill in the graveyard
where the burned families are sleeping in the sun
or eating dry lunch among the corpses.
I will finish walking in two hours
and eat my sandwich in the little park
beside the iron Methodist.
This is the first step.
Tomorrow I will start again in Barnegat
and make my way toward Holgate or Ventnor.
This is something different
than it was even five years ago.
I have a second past to rake over
and search through—another 2,000 miles of seashore
to account for.
—I am still making my mind up
between one of those art deco hotels
in Miami Beach, a little back room on a court
where you could almost be in Cuba or
Costa Rica of the sweet flesh, and
a wooden shack in one of the mosquito marshes
in Manahawkin or the Outer Banks.
I am planning my cup of tea
and my sweet biscuit,
or my macaroni soup
and my can of sardines.

Aquí estoy caminando

Aquí estoy, caminando entre Océano y Neptuno,
hundiendo mis pies en kilómetros y kilómetros de vida húmeda,
soy prácticamente invisible
frente a todo este desorden,
o yerro cerca de los bancos sobre las camisetas enterradas
o voy cuesta abajo en el cementerio
donde las familias quemadas duermen bajo el sol
o tomo un almuerzo seco entre cadáveres.
Acabaré mi caminata en dos horas
y me comeré el bocadillo en el parquecito
junto a la Metodista de hierro.
Este es el primer paso.
Mañana empezaré de nuevo en Barnegat
y seguiré mi camino hacia Holgate o Ventnor.
Es algo diferente
de como era hace cinco años.
Tengo un segundo pasado que repasar
y por el que buscar, otros 3.000 kilómetros de orilla de mar
a tener en cuenta.
Todavía estoy intentando decidirme
entre uno de los hoteles estilo Art Decó
en Miami Beach, una pequeña habitación trasera sobre un patio
donde uno casi podría estar en Cuba o
en la Costa Rica de la dulce carne, y
una choza de madera en uno de los pantanos de mosquitos
en Manahawkin o los Outer Banks.
Pienso en una taza de té
y una galleta dulce,
o en una sopa de macarrones
y una lata de sardinas.

If I spent the morning washing shirts
I would read for two hours
before I slept through the afternoon.
If I walked first, or swam,
I might feel like writing down words
before I went in for coffee, or more hot water.
I will sit on the black rocks
to make my connections,
near the small basin of foam.
I will look at the footprints
going in and out of the water
and dream up a small blue god to talk to.
I will be just where I was
twenty-five years ago,
breathing in salt,
snorting like a prophet,
turning over the charred wood;
just where I was then,
getting rid of baggage,
living in dreams,
finding a way to change, or sweeten, my clumsy life.

Si me pasara la mañana lavando camisas
podría leer durante dos horas
antes de dormir por la tarde.
Si caminara primero, o nadara,
podría apetecerme escribir unas palabras
antes de ir a tomar un café, o a por más agua caliente.
Me sentaré en las rocas negras
a establecer conexiones,
cerca de la pequeña cuenca de espuma.
Miraré las huellas
entrar y salir del agua
y soñaré con un pequeño dios azul a quien hablar.
Estaré justo donde estaba
hace veinticinco años,
inhalando sal,
resoplando como un profeta,
dando la vuelta a la madera quemada;
justo donde estaba entonces,
soltando lastre,
viviendo en sueños,
encontrando una manera de cambiar, o de endulzar, mi torpe vida.

IV. Paradise Poems
(1982)

IV. Poemas del paraíso
(1982)

Soap

Here is a green Jew
with thin black lips.
I stole him from the men's room
of the Amelia Earhart and wrapped him in toilet paper.
Up the street in *Parfumes*
are Austrian Jews and Hungarian,
without memories really,
holding their noses in the midst of that
paradise of theirs.
There is a woman outside
who hesitates because it is almost Christmas.
"I think I'll go and buy a Jew," she says.
"I mean some soap, some nice lilac or lily
to soothe me over the hard parts,
some Zest, some Fleur de Loo, some Wild Gardenia."

And here is blue Jew.
It is this color, you know,
and he feels better buried in it, imprisoned
in all that sky, the land of death and plenty.
If he is an old one he dances,
or he sits stiffly,
listening to the meek words and admiring the vile actions
of first the Goths and then the Ostrogoths.
Inside is a lovely young girl,
a Dane, who gave good comfort
and sad support to soap of all kinds and sorts
during the war and during the occupation.
She touches my hand with unguents and salves.
She puts one under my nose all wrapped in tissue,
and squeezes his cheeks.

Jabón

He aquí un judío verde
con los labios negros y delgados.
Lo robé del baño de hombres
del Amelia Earhart, y lo envolví en papel higiénico.
Calle arriba en *Parfumes*
hay judíos de Austria y de Hungría,
sin apenas recuerdos,
se tapan la nariz en medio de ese
paraíso suyo.
Hay una mujer afuera
que duda porque casi es Navidad.
«Creo que voy a ir a comprarme un judío», dice.
«Quiero decir una pastilla de jabón, una de un hermoso lila o lirio
para aliviarme las partes duras,
una Zest, una Fleur de Loo, una Wild Gardenia».

Y este es un judío azul.
Que es de ese color, quiero decir,
y se siente mejor enterrado en él, apresado
por todo ese cielo, la tierra de la muerte y la abundancia.
Si es un viejo baila,
o se sienta rígido,
mientras escucha las dulces palabras y admira las acciones viles
del primero de los godos y luego los ostrogodos.
Por dentro es una chica encantadora,
una danesa, que dio buen acomodo
y triste apoyo a jabones de todo tipo y género
durante la guerra y durante la ocupación.
Ella toca mi mano con ungüentos y pomadas.
Me pone uno bajo la nariz, envuelto en un pañuelo de papel,
uno que tensa las mejillas.

I buy a black Romanian for my shelf.
I use him for hair and beard,
and even for teeth when things get bitter and sad.
He had one dream, this piece of soap,
if I'm getting it right,
he wanted to live in Wien
and sit behind a hedge on Sunday afternoon
listening to music and eating a tender schnitzel.
That was delirium. Other than that he'd dream
of America sometimes, but he was a kind of cynic,
and kind of lazy—conservative—even in his dream,
and for this he would pay, he paid for his lack of dream.
The Germans killed him because he didn't dream
enough, because he had no vision.

I buy a brush for my back, a simple plastic
handle with gentle bristles. I buy some dust
to sweeten my body. I buy a yellow cream
for my hairy face. From time to time I meet
a piece of soap on Broadway, a sliver really,
without much on him, sometimes I meet two friends
stuck together the way those slivers get
and bow a little, I bow to hide my horror,
my grief, sometimes the soap is so thin
the light goes through it, these are the thin old men
and thin old women the light goes through, these are
the Jews who were born in 1865
or 1870, for them I cringe, for them
I whimper a little, they are the ones who remember
the eighteenth century, they are the ones who listened
to heavenly voices, they were lied to and cheated.

Compro un rumano negro para mi balda.
Lo utilizo para el cabello y la barba,
e incluso para los dientes cuando las cosas se ponen amargas
                                                          [y tristes.
Tenía un sueño, esta pastilla de jabón,
si mal no recuerdo,
quería vivir en Viena
y sentarse detrás de un seto los domingos por la tarde
a escuchar música y comerse un tierno *schnitzel*.
Eso era el delirio. Aparte de eso soñaba
con Norteamérica a veces, pero era algo cínico,
y un poco perezoso –conservador–, incluso en sueños,
y pagaría por ello, al final pagó por su falta de sueños.
Los alemanes lo mataron porque no soñaba
lo suficiente, porque no tenía visión.

Compro un cepillo para la espalda, un mango de plástico
simple con cerdas suaves. Compro un poco de polvo
para endulzarme el cuerpo. Compro una crema amarilla
para el rostro peludo. De vez en cuando me encuentro con
una pastilla de jabón en Broadway, en verdad un trozo,
sin mucha sustancia, a veces me encuentro con dos amigos
pegados de ese modo en que los trozos se pegan
y vuelvo un poco el rostro, lo vuelvo para ocultar el horror,
el dolor, porque a veces el jabón es tan delgado
que la luz pasa a través de él, son los viejos flacos
y las viejas flacas a través de los cuales pasa la luz, son
los judíos que nacieron en 1865
o 1870, por ellos me estremezco, por ellos
lloro a veces, ellos son los que recuerdan
el siglo XVIII, ellos los que escuchaban
las voces celestiales, ellos los que fueron engañados y estafados.

My counterpart was born in 1925
in a city in Poland—I don't like to see him born
in a little village fifty miles from Kiev
and have to fight so wildly just for access
to books, I don't want to see him struggle
half his life to see a painting or just to
sit in one of the plush chairs listening to music.
He was dragged away in 1940
and turned to some use in 1941,
although he may have fought a little, piled
some bricks up or poured some dirty gasoline
over a German truck. His color was rose
and he floated for me for days and days; I love
the way he smelled the air, I love how he looked,
how his eyes lighted up, how his cheeks were almost pink
when he was happy. I love how he dreamed, how he almost
disappeared when he was in thought. For him
I write this poem, for my little brother, if I
should call him that—maybe he is the ghost
that lives in the place I have forgotten, that dear one
that died instead of me—oh ghost, forgive me!—
Maybe he stayed so I could leave, the *older* one
who stayed so I could live—oh live forever!
forever!—Maybe he is a Being from the other
world, his left arm agate, his left eye crystal,
and he has come back again for the twentieth time,
this time to Poland, to Warsaw or Bialystok,
to see what hell is like. I think it's that,
he has come back to live in our hell, if he could
even prick his agate arm or even weep
with his crystal eye—oh weep with your crystal eye,
dear helpless Being, dear helpless Being. I'm writing this

Mi homólogo nació en 1925
en una ciudad de Polonia –no me gusta verlo nacer
en un pequeño pueblo a ochenta kilómetros de Kiev
y tener que luchar de forma tan salvaje solo para tener acceso
a los libros, no quiero verlo luchar
la mitad de su vida para ver un cuadro o para
sentarse en uno de los sillones de felpa a escuchar música–.
Lo sacaron a la fuerza de su casa en 1940
y volvió a ser de cierta utilidad en 1941,
aunque pudo haber luchado un poco, apilado
unos cuantos ladrillos o vertido un poco de sucia gasolina
sobre un camión alemán. Su color era el rosa
y se mantuvo a flote por mí durante días y días; adoro
la forma en que olfateaba el aire, adoro su aspecto,
cómo sus ojos se iluminaban, cómo sus mejillas eran casi rosa
cuando era feliz. Adoro la forma en que soñaba, cómo casi
desaparecía cuando estaba sumido en sus pensamientos. Para él
escribo este poema, para mi hermano pequeño, si
puedo llamarlo así; tal vez es el fantasma
que vive en ese lugar que yo he olvidado, ese amado mío
que murió en mi lugar –¡oh fantasma, perdóname!–.
Tal vez se quedó para que yo pudiera salir, el *mayor*
que se quedó para que yo pudiera vivir –¡oh vivir por siempre!
¡siempre!–. Tal vez es un ser de otro
mundo, el brazo izquierdo de ágata, el ojo izquierdo de cristal,
y ha venido de nuevo por enésima vez,
esta vez a Polonia, a Varsovia o Bialystok,
para ver cómo es el infierno. Creo que es eso,
que ha vuelto para vivir en nuestro infierno, si pudiera
incluso pincharse el brazo de ágata o incluso llorar
con el ojo de cristal –oh poder llorar con tu ojo de cristal,
querido ser indefenso, querido ser desamparado–. Escribo esto

in Iowa and Pennsylvania and New York City,
in time for Christmas, 1982,
the odor of Irish Spring, the stench of Ivory.

en Iowa y Pensilvania y Nueva York,
justo a tiempo para la Navidad de 1982,
el aroma del jabón Irish Spring, el hedor del Ivory.

The Dancing

In all these rotten shops, in all this broken furniture
and wrinkled ties and baseball trophies and coffee pots
I have never seen a post-war Philco
with the automatic eye
nor heard Ravel's "Bolero" the way I did
in 1945 in that tiny living room
on Beechwood Boulevard, nor danced as I did
then, my knives all flashing, my hair all streaming,
my mother red with laughter, my father cupping
his left hand under his armpit, doing the dance
of old Ukraine, the sound of his skin half drum,
half fart, the world at last a meadow,
the three of us whirling and singing, the three of us
screaming and falling, as if we were dying,
as if we could never stop—in 1945—
in Pittsburgh, beautiful filthy Pittsburgh, home
of the evil Mellons, 5,000 miles away
from the other dancing—in Poland and Germany—
oh God of mercy, oh wild God.

El baile

En todas estas tiendas podridas, entre todo este mobiliario roto
y corbatas arrugadas y trofeos de béisbol y cafeteras
no he visto jamás una Philco de posguerra
con dial automático
ni escuchado el «Bolero» de Ravel como lo hice
en 1945 en aquella salita de estar
en Beechwood Boulevard, ni bailado como lo hice
entonces, todos mis cuchillos destellando, todo mi pelo flotando,
mi madre roja de risa, mi padre ahuecando
la mano izquierda bajo la axila, bailando la danza
de la vieja Ucrania, el sonido de su piel medio tambor,
medio pedo, el mundo al fin un prado,
nosotros tres girando y cantando, nosotros tres
gritando y cayendo, como si nos estuviéramos muriendo,
como si no pudiéramos parar –en 1945–
en Pittsburgh, bello y sucio Pittsburgh, hogar
de los crueles Mellon, a 8.000 kilómetros de distancia
del otro baile –en Polonia y Alemania–,
oh Dios de misericordia, oh salvaje Dios.

Today a Leaf

For William Merwin

Today it was just a leaf that told me
I should live for love.
It wasn't the six birds sitting like little angels
in the white birch tree,
or the knife I use to carve my pear with.
It was a leaf, that has read Tolstoi, and Krishnamurti,
that had loved William James,
and put sweet Jesus under him where he could be safe forever.
"The world is so bright," he said. "You should see the light."
"We are born without defenses, both babies and leaves."
"The branch is necessary, but it is in the way."
"I am not afraid. I am never afraid."
Then he stretched his imaginary body
this way and that.
He weighs a half a gram, is brown and green,
with two large mold spots on one side, and a stem
that curls away, as if with a little pride,
and he could be easily swept up and forgotten,
but oh he taught me love for two good hours,
and helped me with starvation, and dread, and dancing.
As far as I am concerned his grave is here
beside me,
next to the telephone and the cupful of yellow pencils,
under the window, in the reach and lovely presence
of Franz Joseph Hayden and Domenico Scarlatti and Gustav Mahler
forever.

Hoy una hoja

        A William Merwin

Hoy bastó una hoja para darme cuenta
de que debía vivir por amor.
No fueron los seis pájaros sentados como angelitos
sobre el blanco abedul,
o el cuchillo que uso para trinchar mi pera.
Fue una hoja, que ha leído a Tolstói y a Krishnamurti,
que había amado a William James,
y puso al dulce Jesús debajo de él para que siempre estuviera a salvo.
«El mundo es tan brillante», dijo ella. «Deberías ver la luz».
«Nacemos sin defensas, los bebés y las hojas».
«La rama es necesaria, pero estorba».
«No tengo miedo. Yo nunca tengo miedo».
Luego estiró su cuerpo imaginario
de un lado a otro.
Pesa la mitad de un gramo, es marrón y verde,
con dos grandes manchas de moho en un lado, y un tallo
que se yergue con una pizca de orgullo,
y podría ser arrastrada y olvidada con facilidad,
pero oh, me enseñó a amar durante al menos dos horas,
y me ayudó con la inanición, el terror y la danza.
Por lo que a mí respecta su tumba está aquí
a mi lado,
junto al teléfono y la taza con lápices amarillos,
bajo la ventana, al alcance y en la dulce presencia
de Franz Joseph Hayden y Domenico Scarlatti y Gustav Mahler
por siempre.

Orange Roses

I am letting two old roses stand for everything I believe in.
I am restricting the size of the world, keeping it inside the plastic
[pot.
This is like Greece, the roses sitting in the hot sun,
the leaves exhausted,
the blue sky surrounding them.

I reach my fingers inside the dirt
and slowly scrape the sides.
One more flower will bloom the rest of this month,
probably symbolizing the last breath left
after a lifetime of tearful singing.

The wall in the back of me is not part of this.
It shows only a large shadow overcome with thought.
It shows him in ruins,
his body spread out in all directions,
his pencil uprooted, his own orange roses dark and hidden.

Rosas naranja

Dejo que dos viejas rosas representen todo en lo que creo.
Reduzco el tamaño del mundo, al mantenerlo dentro del tiesto
                                        [de plástico.
Esto es como Grecia, las rosas tendidas bajo el sol ardiente,
las hojas exhaustas,
el cielo azul que las rodea.

Hundo mis dedos en la tierra
y raspo los bordes lentamente.
Una flor más nacerá en lo que queda de mes,
símbolo tal vez del último suspiro
tras una vida de canto lastimero.

El muro tras de mí no forma parte de esto.
Muestra solo una larga sombra henchida de pensamiento.
Lo muestra en ruinas,
su cuerpo se extiende en todas direcciones,
su lápiz desarraigado, sus queridas rosas naranja oscuras y
                                            [escondidas.

Red Bird

> For Greg Pape and Marnie Prange

Now I feel safe,
I've gotten my cardinal back again.
I'm standing in Tuscaloosa,
watching her hop through the puddles.
I'm watching her eat and drink, a brown-chested
queen, living outdoors in sweetness and light
with a loose and rotten sparrow as her playmate,
some common thing not fit to touch her hem,
not fit to live with her in the same puddle.

I have to walk over a sick dog to see them,
and through some bicycles and cardboard boxes.
One has a heavy beak and a scarlet headpiece
and one has ruffled feathers and a black throat.
As long there is a cardinal in my life
I can go anywhere; she was the bird
that, as it turned out, freed me fifteen years
ago in a town in western Pennsylvania
in some unbearable secret rite involving
a withered pear tree and a patented furnace.
There is a pear tree here too, just to add
a little mistiness, and a truck, and a car,
waiting beside the puddle like two kind horses.
But the cardinal now is sweeter and more whimsical
than the last time, maybe a little smaller, and gentler.
I talk and the sparrow flies away, for God knows
what kind of seed or God knows from what kind of shadow.
Someone will say, as he always does, this sparrow
is English, you know, you have to make a distinction
between him and our own, he is the sloppiest

Pájaro rojo

A Greg Pape y Marine Prange

Ahora me siento a salvo,
me han devuelto mi cardenal hembra.
Estoy en Tuscaloosa,
la veo brincar entre los charcos.
La veo comer y beber, reina de pecho
color café, que vive al aire libre en paz y armonía
con un soez y disoluto gorrión compañero de juegos,
un ser vulgar no apto para rozar el borde de su falda,
ni para vivir con ella en el mismo charco.

Tengo que pasar sobre un perro moribundo para mirarlos,
y a través de unas bicicletas y unas cajas de cartón.
La una tiene el pico fuerte y la cresta escarlata,
y el otro tiene las plumas revueltas y el cuello negro.
Mientras haya un cardenal en mi vida
puedo vivir en cualquier parte; ella fue el pájaro
que, como se supo después, me liberó hace quince años
en un pueblo al oeste de Pensilvania,
mediante un insoportable rito secreto que incluía
un peral seco y una caldera patentada.
También hay un peral, solo para darle
un toque de bruma, y un camión, y un coche,
que esperan junto al charco como dos caballos mansos.
Pero la cardenal es ahora más dulce y caprichosa
que la última vez, tal vez algo más pequeña, más suave.
Hablo y el gorrión huye, en busca de Dios sabe
qué semilla o Dios sabe de qué sombra.
Habrá quien diga, como siempre, que este gorrión
es inglés, ya me entienden, hay que distinguir
entre él y los nuestros, que es el gorrión más torpe

sparrow of all, he is aggressive and promiscuous,
just as he lands in the pear tree, just as he lands
on the roof of the truck, and someone will say, it is
a female cardinal, the male is redder, his chest
is bigger and brighter, just as she lands on the car
and just as she disappears, a little speck
somewhere, a kind of messenger, her throat
abounding with information, little farewells
to the English sparrow, little bows to the scholars
with bird-stuff on their brains and beautiful cries—
something between a metallic chirp and a whistle—
to the one from Pennsylvania, the one who loves her.

que hay, que es agresivo y promiscuo,
en cuanto se pose en el peral, en cuanto se pose
en el techo del camión, y habrá quien diga que es un
cardenal hembra, que el macho es de un rojo más intenso, su pecho
es más grande y brillante, en cuanto ella se pose en el coche
y en cuanto desaparezca, una motita
a lo lejos, una especie de mensajera, su pecho
rebosante de información, diminutos adioses
para el gorrión inglés, diminutas reverencias para los académicos
con la cabeza a pájaros y dulces lamentos
–algo entre un trino metálico y un silbido–
para el tipo de Pensilvania, el que está enamorado de ella.

Romania, Romania

I stand like some country crow across the street
from the Romanian Synagogue on Rivington Street
singing songs about Moldavia and Bukovina.
I am a walking violin, screeching
a little at the heights, vibrating a little
at the depths, plucking sadly on my rubber guts.
It's only music that saves me. Otherwise
I would be keeping the skulls forever, otherwise
I would be pulling red feathers from my bloody neck.
It's only music, otherwise I would be white
with anger or giving in to hatred
or turning back to logic and religion—
the Brahms Concerto, hills and valleys of gold,
the mighty Kreutzer, rubies piled over rubies,
a little Bartók, a little ancient Bach—
but more for the thin white tablecloths under trees
than for Goga and his Christians,
and more for the red petticoats and the cold wine and the garlic
than the railroad station and the submachine guns,
and more for the little turn on Orchard Street
and the life of sweetness and more for the godly Spanish
and the godly Chinese lined up for morning prayers,
and much much more for the leather jackets on sticks
and the quiet smoke
and the plush fire escapes,
and much much more for the silk scarves in the windows
and the cars in the street
and the dirty invisible stars—
Yehudi Menuhin
wandering through the hemlocks,

Rumanía, Rumanía

Estoy de pie como un cuervo de campo frente
a la sinagoga rumana en la calle Rivington,
cantando canciones sobre Moldavia y Bucovina.
Soy un violín andante, chirrío
un poco en las notas altas, vibro un poco
en las bajas, pulso triste mis cuerdas de tripa.
La música es lo único que me salva. De lo contrario
estaría siempre rondando calaveras, de lo contrario
estaría arrancando plumas rojas de mi cuello ensangrentado.
Solo es música, de lo contrario estaría pálido
de ira o cediendo al odio
o de vuelta a la lógica o a la religión
—el Concierto de Brahms, colinas y valles dorados,
el poderoso Kreutzer, rubíes sobre rubíes,
un poco de Bartók, un poco del viejo Bach—
pero más por los blancos y finos manteles bajo los árboles
que por Goga y sus cristianos,
y más por las rojas enaguas y el vino helado y el ajo
que por la estación de tren y las metralletas,
y más por la pequeña curva de la calle Orchard
y la vida de dulzura y más por los piadosos españoles
y los piadosos chinos en fila para sus plegarias matutinas,
y mucho, mucho más por las chaquetas de cuero en los percheros
y el humo silencioso
y las fastuosas escaleras de incendio,
y mucho, mucho más por los pañuelos de seda en las ventanas
y los coches en las calles
y las sucias estrellas invisibles;
Yehudi Menuhin
que pasea entre abetos,

Jascha Heifetz
bending down over tables,
the great Stern himself
dragging his heart from one ruined soul to another.

Jascha Heifetz
que se inclina sobre las mesas,
el gran Stern en persona
que arrastra su corazón de un alma destrozada a otra.

Song

There's nothing in this gardenous world more delightful
than blossoms lying where they fall,
soldiers sprawled from one ravine to another,
lovers under a bloody window.

I look up through the branches
dreaming of fate.
My old enemy the blue sky is above me.
My old enemy the hawk
is moving slowly through the string of white clouds.

One day I will wake up at dawn
and philosophize about my state
as I get ready.
I will put on my heavy shirt
and think of the long and bitter day ahead.

It will take hours to know
whether I will live or die,
which car to get ready,
which woods to pass by,
which animal to ride over,
which bridge to cross on the way.

I love the sight of me
rolled over on the ground.
I love being pierced through the heart,
half a man, half a flower,
reaching my hand out, turning my palm away,
one of the many pink and white blossoms,
one of the many on the brutal lawn.

Canción

No hay nada más dulce en este mundanal jardín
que unas flores esparcidas donde caen,
soldados tendidos de un barranco a otro,
amantes bajo una ventana ensangrentada.

Miro arriba a través de las ramas
y sueño con el destino.
Mi viejo enemigo, el cielo azul, está sobre mí.
Mi viejo enemigo, el halcón,
avanza lentamente a través de la cadena de nubes blancas.

Un día voy a despertar de madrugada
para filosofar sobre mi condición
mientras me preparo.
Me pondré mi camisa de invierno
mientras pienso en el largo y amargo día que me espera.

Tardaré horas en decidir
si me dispongo a vivir o a morir,
qué coche preparar,
qué bosques dejar atrás,
qué animal aplastar bajo las ruedas,
qué puente cruzar en mi camino.

Me encanta verme
revolcado por los suelos.
Amo que me traspasen el corazón,
medio hombre, medio flor,
mientras extiendo mi mano, vuelvo la palma hacia fuera,
una de las muchas flores de color rosa y blanco,
una de tantas sobre el cruel césped.

V. LOVESICK
(1987)

V. Loco de amor
(1987)

The Dog

What I was doing with my white teeth exposed
like that on the side of the road I don't know,
and I don't know why I lay beside the sewer
so that the lover of dead things could come back
with his pencil sharpened and his piece of white paper.
I was there for a good two hours whistling
dirges, shrieking a little, terrifying
hearts with my whimpering cries before I died
by pulling the one leg up and stiffening.
There is a look we have with the hair of the chin
curled in mid-air, there is a look with the belly
stopped in the midst of its greed. The lover of dead things
stoops to feel me, his hand is shaking. I know
his mouth is open and his glasses are slipping.
I think his pencil must be jerking and the terror
of smell—and sight—is overtaking him;
I know he has that terrified faraway look
that death brings—he is contemplating. I want him
to touch my forehead once again and rub my muzzle
before he lifts me up and throws me into
that little valley. I hope he doesn't use
his shoe for fear of touching me; I know,
or used to know, the grasses down there; I think
I knew a hundred smells. I hope the dog's way
doesn't overtake him, one quick push,
barely that, and the mind freed, something else,
some other, thing to take its place. Great heart,
great human heart, keep loving me as you lift me,
give me your tears, great loving stranger, remember,
the death of dogs, forgive the yapping, forgive

El perro

Lo que yo estaba haciendo con mis blancos dientes expuestos
así a un lado de la carretera no lo sé,
y no sé por qué estaba echado junto al albañal
para que el amante de las cosas muertas pudiera volver
con su lápiz afilado y su hoja de papel blanco.
Estuve allí unas dos horas silbando
canciones fúnebres, gritando un poco, aterrando
corazones con mis quejidos lastimeros antes de morir
estirando una de mis patas hacia arriba me quedé tieso.
Hay una imagen nuestra con el pelo de la barbilla
curvado en el aire, hay una imagen con el vientre
detenido en mitad de su avaricia. El amante de las cosas muertas
se inclina para sentirme, su mano tiembla. Sé
que su boca está abierta y que sus gafas se deslizan.
Creo que su lápiz debe estar agitándose y que el horror
del olfato –y de la vista– le sobrepasan;
sé que tiene esa aterrorizada mirada distante
que la muerte trae consigo, que él contempla. Quiero que él
toque mi frente otra vez y frote mi hocico
antes de cogerme en brazos y arrojarme a
ese pequeño valle. Espero que no use
su zapato por miedo a tocarme; conozco,
o al menos solía conocer, los pastos de ahí abajo; creo que
sabía reconocer cientos de olores. Espero que los modales caninos
no le sobrepasen, un empujón rápido,
apenas eso, y la mente liberada, algo más,
alguna otra cosa que ocupa su lugar. Gran corazón,
gran corazón humano, sigue amándome mientras me alzas,
dame tus lágrimas, gran amante desconocido, recuerda,
la muerte de los perros, perdona los ladridos, perdona

the shitting, let there be pity, give me your pity.
How could there be enough? I have given
my life for this, emotion has ruined me, oh lover,
I have exchanged my wildness—little tricks
with the mouth and feet, with the tail, my tongue is a parrots',
I am a rampant horse, I am a lion,
I wait for the cookie, I snap my teeth—
as you have taught me, oh distant and brilliant and lonely.

la mierda, que haya piedad, dame tu piedad.
¿Cómo puede bastar con eso? Me he dejado
la vida en ello, la emoción me ha arruinado, oh amante,
he entregado mi fiereza a cambio; truquitos
con la boca y los pies, con la cola, mi lengua es la de un loro,
soy un caballo al galope, soy un león,
espero mi galletita, rechino mis dientes,
como tú me has enseñado, oh distante y brillante y solitario.

I Sometimes Think of the Lamb

I sometimes think of the lamb when I crawl down
my flight of stairs, my back is twisted sideways
in a great arc of pain from the shoulder down
and the buttocks up. I think of the lamb through my tears
as I go down a step at a time, my left hand
squeezing the rail, my right hand holding my thigh
and lifting it up. As long as there is a lamb
I can get in my hands and knees if I have to
and walk across the floor like a limp wolf,
and I can get my body to the sink
and lift myself up to the white porcelain.
As long as there is a lamb, as long as he lives
in his brown pen or his green meadow,
as long as he kneels on the platform staring at the light,
surrounded by men and women with raised fingers,
as long as he has that little hump on his rear
and that little curve to his tail, as long as his foot
steps over the edge in terror and ignorance,
as long as he holds a cup to his own side,
as long as he is stabbed and venerated,
as long as there are hooves—and clattering—
as long as there is screaming and butchering.

A veces pienso en el cordero

A veces pienso en el cordero cuando bajo gateando
el tramo de escaleras, la espalda torcida hacia un lado
en un gran arco de dolor, hombros abajo
y nalgas arriba. Pienso en el cordero entre lágrimas
mientras bajo uno a uno los escalones, la mano izquierda
que sujeta la barandilla, la mano derecha que sostiene el muslo
y lo levanta. Mientras haya un cordero
puedo apoyarme sobre manos y rodillas si es necesario,
y andar por el suelo como un lobo cojo,
y llevar mi cuerpo hasta el lavamanos
y alzarme hasta la porcelana blanca.
Mientras haya un cordero, mientras este viva
en su corral marrón o en sus verdes prados,
mientras se arrodille en el cadalso mirando fijamente la luz,
rodeado de hombres y mujeres que lo apuntan con el dedo,
mientras tenga esa pequeña giba en el lomo
y esa pequeña curva en la cola, mientras su pie
traspase los límites, aterrado e ignorante,
mientras sostenga un cáliz junto a él,
mientras sea acuchillado y venerado,
mientras haya pezuña –y estrépito–,
mientras haya grito y carnicería.

Grapefruit

I'm eating breakfast even if it means standing
in front of the sink and tearing at the grapefruit,
even if I'm leaning over to keep the juices
away from my chest and stomach and even if a spider
is hanging from my ear and a wild flea
is crawling down my leg. My window is wavy
and dirty. There is a wavy tree outside
with pitiful leaves in front of the rusty fence
and there is a patch of useless rhubarb, the leaves
bent over, the stalks too large and bitter for eating,
and there is some lettuce and spinach too old for picking
beside the rhubarb. This is the way the saints
ate, only they dug for thistles, the feel
of thorns in the throat it was a blessing, my pity
it knows no bounds. There is a thin tomato plant
inside a rolled-up piece of wire, the worms
are already there, the birds are bored. In time
I'll stand before the rolled-up fence with tears
of gratitude in my eyes. I'll hold a puny
pinched tomato in my open hand,
I'll hold it to my lips. Blessed art Thou,
King of tomatoes, King of grapefruit. The thistle
must have juices, there must be a trick. I hate
to say it but I'm thinking if there is a saint
in our time what will he be, and what will he eat?
I hated rhubarb, all that stringy sweetness—
a fake applesauce—I hated spinach,
always with egg and vinegar, I hated
oranges when they were quartered, that was the signal
for castor oil—aside from peeled navel

Pomelo

Voy a desayunar aunque eso signifique estar de pie
frente al fregadero y desgarrar el pomelo,
aunque eso signifique inclinarme para mantener el jugo
apartado del pecho y la barriga e incluso que una araña
se cuelgue de mi oreja y una pulga silvestre
se arrastre pierna abajo. La ventana está combada
y sucia. Afuera un árbol ondula
con hojas tristes frente a la cerca oxidada
y hay un trozo de tierra con ruibarbo inservible, las hojas
dobladas, los tallos demasiado grandes y amargos para comérselos,
y hay lechugas y espinacas demasiado añejas para ser cogidas
junto al ruibarbo. Así se alimentaban
los santos, solo que ellos buscaban cardos, sentir
las espinas en la garganta serías una bendición, la piedad
que no conoce límites. Hay una tomatera raquítica
dentro de un trozo de alambre retorcido, los gusanos
ya han llegado, los pájaros se aburren. A su hora
estaré junto a la alambrada con lágrimas
de gratitud en los ojos. Sostendré un tomate
enclenque y aplastado en la mano abierta,
me lo llevaré a los labios. Bendito seas,
Rey de los tomates, Rey del pomelo. Seguro que el cardo
tiene jugo, tiene que haber truco. Odio
decirlo pero pienso que si hay un santo
en los tiempos actuales, ¿qué va a ser de él y qué va a comer?
Yo odiaba el ruibarbo, toda esa dulzura fibrosa
–una falsa compota de manzana–, odiaba las espinacas,
siempre con huevo y vinagre, odiaba
las naranjas cuando estaban cuarteadas, pues era la señal
del aceite de ricino –aparte de las naranjas de ombligo peladas

I love the Florida cut in two. I bend
my head forward, my chin is in the air,
I hold my right hand off to the side, the pinkie
is waving; I am back again at the sink;
oh loneliness, I stand at the sink, my garden
is dry and blooming, I love my lettuce, I love
my cornflowers, the sun is doing it all,
the sun and a little dirt and a little water.
I lie on the ground out there, there is one yard
between the house and the tree; I am more calm there
looking back at this window, looking up
a little at the sky, a blue passageway
with smears of white—and gray—a bird crossing
from berm to berm, from ditch to ditch, another one,
a wild highway, a wild skyway, a flock
of little ones to make me fell gay, they fly
down the thruway, I move my eyes back and forth
to see them appear and disappear, I stretch
my neck, a kind of exercise. Ah sky,
my breakfast is over, my lunch is over, the wind
has stopped, it is the hour of deepest thought.
Now I brood, I grimace, how quickly the day goes,
how full it is of sunshine, and wind, how many
smells there are, how gorgeous is the distant
sound of dogs, and engines—Blessed art Thou,
Lord of the falling leaf, Lord of the rhubarb,
Lord of the roving cat, Lord of the cloud.
Blessed art Thou oh grapefruit King of the universe,
Blessed art Thou my sink, oh Blessed art Thou
Thou milkweed Queen of the sky, buster of seeds,
Who bringeth forth juice from the earth.

me encantan las california cortadas en dos–. Inclino
la cabeza hacia delante, la barbilla al aire,
levanto la mano derecha hacia un lado, el meñique
saluda; estoy de nuevo frente al fregadero;
oh soledad, estoy frente al fregadero, mi jardín
está seco y florece, amo mi lechuga, amo
mis acianos, el sol hace todo el trabajo,
el sol y un poco de tierra y algo de agua.
Me tumbo ahí afuera en el suelo, hay un trozo de césped
entre la casa y el árbol; estoy más tranquilo allí
mirando otra vez hacia esta ventana, mirando
un rato el cielo, un pasillo azul
con manchas de color blanco –y gris–, un pájaro que cruza
de berma en berma, de zanja en zanja, otra más,
una avenida silvestre, una pasarela silvestre, una bandada
de crías me hace feliz, cómo vuelan
por la autopista, miro atrás y adelante
para verlas aparecer y desaparecer, estiro
el cuello, una especie de ejercicio. Oh el cielo,
ya he desayunado, ya he almorzado, el viento
se ha detenido, es la hora del más hondo pensamiento.
Y ahora pienso, con una mueca de disgusto, qué rápido se va el día,
cuán pleno de sol, y viento, cuántos
aromas alberga, cuán preciado el distante
sonido de los perros, y los motores. Bendito seas,
Señor de la hoja caída, Señor del ruibarbo,
Señor del gato callejero, Señor de la nube.
Bendito seas, oh pomelo Rey del universo,
Bendito seas, fregadero mío, oh Bendita seas,
Asclepia Reina del cielo, abarrotadora de semillas,
Que nos concedes el jugo de la tierra.

Silver Hand

There is that little silver hand. I wrap
my fingers around the wrist. I press my thumb
on the shiny knuckles. There is a little slot
in the empty palm—the lines are crude and lifeless,
more like an ape's hand, more like a child's, no hope
for the future of any kind, a life line dragging
its way through civilization, the line of destiny
faint and broken, a small abandoned road,
the heart line short, no sweetness, no ecstasy,
and no dear journeys, and no great windfalls. I shake
the wrist, there are some dimes and nickels inside,
but it is mostly empty, an empty hand
reaching out. It is the hand that acts
for the spirit, there is a connection, the hand has mercy,
the hand is supple and begs, the hand is delicate,
even if it is brutal sometimes, even if it is evil—
and it is penniless and lost, a true
spirit, that sings a little and dances a little,
green or shiny on the outside, black on the inside.
Give to the hand!

Mano de plata

Hay una pequeña mano de plata. Envuelvo
su muñeca con los dedos. Aprieto el pulgar
contra sus brillantes nudillos. Hay una pequeña ranura
en su palma vacía; las líneas son crudas y sin vida,
más parece la mano de un simio, más la de un niño, sin esperanza
alguna de futuro, una línea de la vida que se abre paso
a rastras por la civilización, la línea del destino
débil y rota, un pequeño camino abandonado,
la línea del corazón, corta, sin dulzura, sin éxtasis
ni gratos recorridos, sin grandes imprevistos. Sacudo
la muñeca, hay algunas monedas de diez y de cinco centavos,
pero está casi vacía, una mano vacía
tendida. Es la mano la que actúa
por el ama, hay un vínculo, la mano es compasiva,
la mano es suave y suplica, la mano es delicada,
aunque brutal a veces, aunque despiadada,
aunque esté sin blanca y perdida, un espíritu
noble, que canta un poco y baila un poco,
joven o brillante por fuera, negro por dentro.
¡Dale a la mano!

Bob Summers' Body

I never told this—I saw Bob Summers' body
one last time when they dropped him down the chute
at the crematorium. He turned over twice
and seemed to hang with one hand to the railing
as if he had to sit up once and scream
before he reached the flames. I was half terrified
and half ashamed to see him collapse like that
just two minutes after we had sung for him
and said our pieces. It was impossible
for me to see him staring another destiny
piled up like that, or see him in that furnace
as one who was being consoled or purified.
If only we had wrapped him in his sheet
so he could be prepared; there is such horror
standing before Persephone with a suit on,
the name of the manufacturer in the lining,
the pants too short, or too long. How hard it was
for poor Bob Summers in this life, how he struggled
to be another person. I hope his voice,
which he lost through a stroke in 1971,
was given back to him, wherever he strayed,
the smell of smoke still on him, the fire lighting up
his wonderful eyes again, his hands explaining,
anyone, god or man, moved by his logic,
spirits in particular, saved by the fire and clasping
their hands around their knees, some still worm-bound,
their noses eaten away, their mouths only dust,
nodding and smiling in the plush darkness.

El cuerpo de Bob Summers

Nunca lo he contado: vi el cuerpo de Bob Summers
por última vez cuando lo bajaron por la rampa
del crematorio. Se dio la vuelta dos veces
y parecía colgar de la barandilla con una mano,
como si tuviera deseos de sentarse de nuevo y gritar
antes de llegar a las llamas. Estaba medio aterrado
y medio avergonzado de verlo caer así,
justo dos minutos después de haber cantado para él
y haber pronunciado nuestros discursos. Me fue imposible
verlo encarar otro destino
en aquella postura, o verlo en aquel horno
como alguien que estaba siendo consolado o purificado.
Quisiera que lo hubiéramos envuelto en su sábana
para que estuviera preparado; no hay mayor horror
que estar frente a Perséfone con un traje puesto,
el nombre del fabricante en el forro,
los pantalones demasiado cortos o demasiado largos. Qué difícil
lo tuvo el pobre Bob Summers en vida, cómo se esforzó
por ser otra persona. Espero que su voz,
que perdió a causa de un derrame cerebral en 1971,
le haya sido devuelta, donde quiera que ande perdido,
el olor a humo aún sobre él, el fuego que ilumina
de nuevo sus hermosos ojos, sus manos que exponen,
alguien, dios u hombre, conmovido por su razonamiento,
espíritus en particular, salvados por el fuego y con las manos
juntas sobre las rodillas, algunos aún destinados a los gusanos,
sus narices carcomidas, sus bocas apenas polvo,
que asienten con la cabeza y sonríen en la suntuosa oscuridad.

Lyric

I wonder who has pissed here
and stared—like me—at those white petunias
or touched a purple leaf from the small pear tree.

Has anyone lain down here
beside those red peppers
or under those weak elm withers
standing in shame there?

Dear god of that grape,
has anyone snapped off a little curlicue
to see if it's wood or wire
or stripped the bark off those thick vines
and leaned against that broken fence?

Has anyone put some old parsley in his mouth
to see what the taste is
or lifted a rose mum to his face
to see if he'll live forever?

Lírica

Me pregunto quién habrá orinado aquí
y mirado –como yo– esas petunias blancas
o tocado una hoja morada de ese peral diminuto.

¿Se habrá tumbado alguien aquí abajo
junto a esos pimientos rojos
o bajo esas ramas de olmo secas
sintiéndose allí avergonzado?

Querido dios de esa uva,
¿habrá partido alguien un pequeño zarcillo
para ver si es de madera o alambre
o arrancado la corteza de esas gruesas vides
y se habrá apoyado contra esa cerca rota?

¿Se habrá llevado un poco de perejil añejo a la boca
para ver a qué sabe
o un crisantemo al rostro
para saber si va a vivir para siempre?

Knowledge Forwards and Backwards

This was city living in the 1930s,
making machine guns out of old inner tubes,
fighting above the garages. It was peaceful
killing and spying and maiming; sometimes we smoked
cigars, or roasted potatoes—we used gloves
to reach into the coals; sometimes I put
a cinder to my lips, a charred and filthy
piece of wood, then stirred through the fire hunting
my lost potato. We were not yet assimilated,
nothing fit us, our shoes were rotten; it takes
time to adjust to our lives, ten and twelve years
was not enough for us to be comfortable—
after a while we learn how to talk, how to cry,
what causes pain, what causes terror. Ah, we had
stars, in spite of the sulfur, and there was dreaming
as we came into to the forties. I remember
the movies we went to—I am spending my life
accounting now, I am a lawyer, the one
with blood on his lips and cash in his pockets. I reach
across for the piece of paper, it is cardboard
from one blue shirt or another, there are columns,
I whistle as I study them. There is
a seal on the boardwalk, just about the size
of a tiny burro, the one I rode was blind
and circled left, the miniature golf is the same,
the daisies are there on the seventh hole, the palms
are crooked as always, the fences are rusted, the windmills
are painted blue and white, as always, the ocean
is cold, I hated the ocean, Poseidon bounced me
over and over, I was gasping then,

Conocimiento de ida y vuelta

Así era vivir en la ciudad en los años treinta,
hacer metralletas con viejas cámaras neumáticas,
pelear por encima de los garajes. Era un pacífico
asesinar y espiar y mutilar; a veces fumábamos
puros, o asábamos patatas; usábamos guantes
para abrirnos paso entre las brasas; a veces me llevaba
una favila a los labios, un chamuscado y sucio
trozo de madera, con el que luego removía el fuego buscando
la patata perdida. No nos habíamos integrado totalmente,
nada nos sentaba bien, nuestros zapatos estaban podridos; lleva
tiempo adaptarse a la vida, diez y doce años
no fueron suficientes para hacernos sentir cómodos;
después de un tiempo aprendemos a hablar, a llorar,
qué causa dolor, qué causa terror. Ay, tuvimos
las estrellas, a pesar del azufre, y había ilusión
al adentrarnos en los cuarenta. Recuerdo
las películas a las que fuimos; ahora me paso la vida
haciendo cuentas, soy un abogado, de esos
con sangre en los labios y dinero en los bolsillos. Alargo
la mano para tomar la hoja de papel, es el cartón
de una camisa azul cualquiera, hay columnas,
silbo mientras las repaso. Hay una
foca en el paseo marítimo, casi del tamaño
del burrito, el que monté estaba ciego
y giraba hacia la izquierda, el mini golf es el mismo,
las margaritas siguen ahí en el séptimo hoyo, las palmeras
están torcidas como siempre, las cercas están oxidadas, los molinos
están pintados de azul y blanco, como siempre, el océano
es frío, yo odiaba el océano, Poseidón me sacudía
una y otra vez, yo estaba sin aliento,

trying to get a breath, and I am gasping
now, my rib is broken, or bruised, the muscle
inside the bone, or over the bone. I have
a hundred things to think about, my mind
goes back, it is a kind of purse, nothing
is ever lost. I wait for the pain to change
to pleasure, after a while my lips will stop moving,
I will stop moaning, I will start sleeping, one day
there is an end, even if at this end
there is lucidity and gruesome recollection
and I am paying for every red mark and blue mark.
I have the calendar in front of me;
I have the pencil at my lips, but no one
can live in place of us, there is no beast
on the seventh hole to save us; the grass is false,
it is a kind of cellophane, it is
produced in shops, above garages, maybe
in spare bedrooms or out of car trunks; there is
no spirit with her finger on her forehead
and her mouth open; there is no voice for sobbing
so we can sob with it a little, although—
and I am only beginning to feel this—I am
accumulating—what could I call it, a shadow?—
I am becoming a kind of demon, you turn
into a demon, with knowledge forwards and backwards,
backwards, forwards, you develop a power,
you develop a look, you go for months
with sight, with cunning, I see it in older men,
older women, a few of them, you stand
at some great place, in front of the Port Authority
or facing the ocean, you see the decade in front of you,
you see yourself out there, you are a swimmer
in an old wool suit, you are an angry cabbie,

intentando coger aire, y sigo sin aliento
ahora, mi costilla está rota, o magullada, el músculo
en el interior del hueso, o sobre el hueso. Tengo
cientos de cosas en las que pensar, la mente
regresa, es una especie de bolso, nada
se pierde en ella. Espero que el dolor cambie
a placer, y después de un tiempo mis labios dejarán de moverse,
dejaré de gemir, empezaré a dormir, un día
habrá un final, aunque en ese final
haya lucidez y horribles recuerdos
y tenga que pagar por cada marca roja y cada marca azul.
Tengo el calendario frente a mí;
tengo el lápiz en los labios, pero nadie puede
vivir en nuestro lugar, no hay bestia alguna
en el séptimo hoyo que nos salve; la hierba es falsa,
es una especie de celofán, la
fabrican en las tiendas, sobre los garajes, tal vez
en habitaciones de sobra o la sacan del maletero; no hay
ningún espíritu con el dedo sobre la frente
y la boca abierta; no hay voz para el llanto,
para que podamos llorar con ella un poco, aunque
–y apenas ahora empiezo a sentirlo– estoy
acumulando –¿cómo podría llamarlo, una sombra?–,
me estoy volviendo una especie de demonio, te vuelves
un demonio, con conocimiento de ida y vuelta,
de vuelta, de ida, desarrollas un poder,
adquieres un estilo, avanzas meses
con ambición, con ingenio, lo veo en hombres mayores,
en mujeres mayores, en unos pocos, te colocas
en un sitio amplio, frente a Port Authority
o frente al océano, y ves la década frente a ti,
te ves ahí afuera, eres un nadador
con un bañador viejo de lana, eres un taxista enojado,

you are a jeweler, you are a whore, the smell
of burned pretzels is everywhere, you walk
backwards and forwards, there is a point where the knot
is tied, you touch your fingers, you make a cage,
you make a roof, a steeple, at last you walk
forwards and backwards, your shirt is thin, your elbows
are getting longer, you are a type of demon,
you can go forth and forth, now it's the ocean,
now it's the Port Authority, now you are sixty,
standing behind the pretzel man, amazed
at the noise around you, amazed at the clothes, amazed
at the faces; now you are twelve, you stand in a little
valley of water, you study the sand, you study
the sky, it was a violent journey, you end up
forgetting yourself, you stand at some place, there are
thousands of places, you stand in the Chrysler Building
beside the elevators, you stand in a lookout
on Route 78, you stand in the wooden post office
in Ocean Grove, in front of the metal boxes;
it is a disgrace to dance there, it is shameful
snapping your fingers, if we could just be singers
we'd walk down Main Street singing, no one as yet
has done this, three and four abreast, the language
could be Armenian, it could be Mohawk—
that is a dream too, something different from Whitman
and something different from Pound. What a paradise,
in front of the Quaker Inn, the women are watching,
I'm singing tenor, someone is taking a picture.
For me, when there is no hierarchy, for me,
when there is no degradation, when the dream
when lying is the same as the dream when walking,
when nothing is lost, when I can go forth and forth,
when the chain does not break off, that is paradise.

eres un joyero, eres una puta, el olor
a pretzels quemados está por todas partes, vas
de aquí para allá, hay un punto en que el nudo
aprieta, te tocas los dedos, haces una jaula,
haces un techo, un campanario, al fin caminas
de ida y de vuelta, tu camisa es ligera, tus codos
cada vez más largos, eres una especie de demonio,
puedes ir cada vez más lejos, ahora el océano,
ahora Port Authority, ahora tienes sesenta años,
y estás detrás del tipo de los pretzels, maravillado
por el ruido alrededor, por las ropas, maravillado
por los rostros; ahora tienes doce años, estás en un pequeño
valle de agua, observas la arena, observas
el cielo, fue un viaje violento, acabas
por olvidarte de ti mismo, estás en cualquier lugar, hay
miles de lugares, estás en el edificio Chrysler
junto a los ascensores, estás en una salida
de la Ruta 78, estás de pie en la oficina de correos de madera
de Ocean Grove, frente a los buzones de metal;
es una vergüenza bailar allí, es penoso
chasquear los dedos, si fuéramos cantantes
bajaríamos la calle Main cantando, nadie
lo ha hecho aún, tres o cuatro uno junto al otro, el idioma
podría ser armenio, podría ser mohawk;
eso también es un sueño, algo diferente al de Whitman
y algo diferente al de Pound. Qué paraíso,
frente al Quaker Inn, las mujeres mirando,
yo cantando como un tenor, alguien que toma una foto.
Prefiero que no haya jerarquías, prefiero
que no haya degradación, que el sueño
al estar tendido sea el mismo que el sueño al caminar,
que nada se pierda, que uno pueda ir cada vez más lejos,
que no se rompa la cadena, eso es el paraíso.

Steps

There are two hundred steps between my house
and the first café. It is like climbing a ladder.
I gasp and pant as if I were pulling a mule,
as if I were carrying a load of dirt. I do
the journey twice—I left the key in the car
the first time down. There is another hill
above the first—the road to the car—another
one hundred steps. But I was born in Pittsburgh
and I know hills; I know that second rise
after a leveling off; I know the gentleness
between the two pair of steps, I know the wear
at the center, if it is stone, the soft splinters,
if it is wood, and I know the broken spaces,
the rhythm stoppers—railroad ties—but even
worse, I know the broken heights, four inches
and then a foot, and then another foot,
or fourteen inches, and the curves that carry you
around and around. There is a street on the South Side—
Pittsburgh again—that goes up hundreds of feet.
It is a stairs. I walked until my thighs
had turned to stone; and there were walkways like that
on the side of streets and cars that only made it
partway up, some turned around, some facing
the houses, abandoned cars. I am in Samos,
a village called Stavrinidhes, halfway up
the mountain of Ampelos. The town of Ampelos
is two miles away, a forty-minute walk.
I sit all day and watch. The sea is on my left.
The hills are all around me. Today is the walk
to Manolates, an hour and a half by foot,

Pasos

Hay doscientos pasos entre mi casa
y el primer café. Es como subir una escalera.
Resuello y jadeo como si estuviera tirando de una mula,
como si estuviera cargando con un montón de estiércol. Hago
el viaje dos veces –me dejé la llave en el coche
la primera vez que bajé–. Hay otra colina
por encima de la primera –el camino hacia el coche–, otro
centenar de pasos. Pero yo nací en Pittsburgh
y conozco las colinas; conozco esa nueva subida
tras la estabilidad, conozco la dulzura
entre dos pares de escalones, conozco el desgaste
en el centro si es de piedra, las suaves astillas
si es de madera, y conozco los espacios rotos,
los tapones de ritmo –traviesas de ferrocarril–, pero aún
peor, conozco los extremos rotos, diez centímetros
y luego un pie, y luego otro pie,
o treinta y cinco centímetros, y las curvas que te hacen dar
vueltas y vueltas. Hay una calle en el lado sur
–Pittsburgh una vez más– que sube a cientos de metros.
Es una escalera. Caminé hasta que mis muslos
se habían convertido en piedra, y había pasajes así
a un lado de las calles y coches que solo lograron llegar
a la mitad de la cuesta, algunos dieron la vuelta, algunos frente
a las casas, coches abandonados. Estoy en Samos,
un pueblo llamado Stavrinides, a media altura
de la montaña de Ampelos. El pueblo de Ampelos
está a tres kilómetros de distancia, a cuarenta minutos a pie.
Me siento todo el día y miro. El mar está a mi izquierda.
Las colinas me rodean. Hoy es la caminata
a Manolates, una hora y media a pie,

a little less by car; it is a mulepath
up and down the ridges. I like the streets
in Ampelos. You climb for fifteen minutes,
your legs go slower and slower; this time there is
the long slope, the slant between the steps,
no relief at all, and there are two steps
twenty-five inches apiece, and there is a stairs
with a tree in the top, it is a kind of pyramid,
a kind of throne, the tree is a king, it sits there
painted white, and there is a waterfall
of steps, it almost pours. I touch a window
on my left, I touch a curtain, there is a trumpet vine
in front of the house, there is wisteria—
a limb that stretches half a block—I touch
a cactus, I touch a telephone pole, I reach
the hill above the town. The thing about climbing
is how you give up. I sit on a rock. I am
in front of a mountain. There's a white horse behind me,
there's a two-foot cypress beside me, it's already
burdened with balls. I am waiting for Hera,
she was born on this island. Zeus must have roared
on every mountain, he must have lifted a pine tree
to make a bed for them, or scooped out a valley.
Ah, Lord, she was too full of anger. The clock
says something on one side, something else on the other.
It rises above the houses. There are some towns
in Pennsylvania like this, and West Virginia;
I have sat on mountains. Imagine Zeus
in West Virginia, imagine the temple to Hera
in Vandergrift, Pa. My heart is resting,
my back feels good, my breathing is easy. I think
of all my apartments, all that climbing; I reach
for a goldenrod, I reach for a poppy, the cross

un poco menos en coche, es un camino de cabras
que sube y baja de las crestas. Me gustan las calles
de Ampelos. Se sube durante un cuarto de hora,
las piernas van más y más lentas; esta vez hay
una larga pendiente, la inclinación entre los escalones,
sin tregua alguna, y hay dos escalones
de veinticinco centímetros cada uno, y hay una escalera
con un árbol en la cumbre, es una especie de pirámide,
una especie de trono, el árbol es un rey, se sienta
pintado de blanco, y hay una cascada
de escalones que casi se derrama. Toco una ventana
a mi izquierda, toco una cortina, hay una enredadera de trompeta
frente a la casa, hay glicinas
—una rama que se extiende casi una manzana–, toco
un cactus, toco un poste de teléfono, llego a la cumbre
de la colina sobre la ciudad. El misterio de la escalada
consiste en saber darse por vencido. Me siento en una roca. Estoy
frente a una montaña. Hay un caballo blanco tras de mí,
hay un ciprés de medio metro a mi lado, que ya está
cargado de bolas. Estoy esperando a Hera,
ella nació en esta isla. Zeus debe haber rugido
sobre cada monte, debe haber levantado un pino
para hacer una cama para todos ellos, o excavado un valle.
Ah, Señor, ella estaba tan llena de ira. El reloj
dice algo por un lado, algo diferente por el otro.
Se eleva por encima de las casas. Hay algunas ciudades
en Pensilvania como esta, y en Virginia occidental;
me he sentado en las montañas. Imagina a Zeus
en Virginia occidental, imagina el templo de Hera
en Vandergrift, Pensilvania. Mi corazón reposa,
mi espalda se siente bien, mi respiración es tranquila. Pienso
en todos los pisos, en toda esa escalada; Alcanzo
una vara de oro, alcanzo una amapola, la cruz

is German more than Greek, our poppies are pale
compared to these. I gave up on twenty landings,
I gave up in Paris once, it was impossible,
you reach a certain point, it is precise,
you can't go farther; sometimes it's shameful, you're in
the middle of a pair of stairs, you bow
your head, your hand is on the rail; your breath
is hardly coming; sometimes you run to the top
so you can stop at the turning, then your legs burn,
sometimes they shake, while you are leaning over
and staring down the well or holding your arm
against the wall. Sometimes the stairs are curved,
that makes the difference, sometimes the risers are high,
sometimes there are too many turns, your knees
cannot adjust in time. Sometimes it's straight up,
landing after landing. Like a pyramid.
You have to lean into the steps, you have to
kneel a little to stop from falling backwards.
I turn around to look at the mountain. There is
a little path going up, some dirt and stones;
it would take two more hours. The wind is almost
roaring here—a gentle roar—the ocean
is green at first, then purple. I can see Turkey.
Who knows that I have given up? I hear
two women talking. I hear a rooster, there is
the black of a chimney, seventy bricks, there is
a cherry tree in blossom, there is a privy,
three hundred bricks to a side, there is a cat
moaning in Greek. You would look at the cherry tree,
you would rest your feet on a piece of marble,
you would be in semi-darkness; there are
dark pink cherries on the roof, the bowl
is sitting on a massive base, the floor

es alemana más que griega, nuestras amapolas son pálidas
en comparación con estas. Me di por vencido en veinte rellanos,
me di por vencido en París una vez, era imposible,
llegas a un cierto punto, está claro,
no se puede ir más lejos; a veces es vergonzoso, estás en
medio de un par de escalones, inclinas
la cabeza, tu mano está en la barandilla; respiras
de forma entrecortada; a veces corres a la cima
para poder pararte a la vuelta, luego te arden las piernas,
tiemblan a ratos, mientras te inclinas
y miras pozo abajo o apoyas tu brazo
contra la pared. A veces las escaleras son curvas,
eso las hace diferentes, a veces las tabicas son altas,
a veces hay demasiadas vueltas, tus rodillas
no se adaptan a tiempo. A veces es hacia arriba,
rellano tras rellano. Al igual que una pirámide.
Tienes que apoyarte en los escalones, hay que
arrodillarse un poco para evitar caer hacia atrás.
Me doy la vuelta para mirar a la montaña. Hay
un pequeño camino hacia arriba, un poco de tierra y piedras;
harían falta dos horas más. El viento casi
ruge aquí –un rugido suave–, el océano
es de color verde al principio, luego morado. Puedo ver Turquía.
¿Quién sabe que me he rendido? Oigo
a dos mujeres hablar. Oigo un gallo, está
el negro de una chimenea, setenta ladrillos, hay
un cerezo en flor, hay un retrete,
trescientos ladrillos a un lado, hay un gato
que gime en griego. Quisieras contemplar el cerezo,
descansar tus pies sobre un trozo de mármol,
quedarte en la penumbra; hay
cerezas de color rosa oscuro en el techo, el cuenco
está asentado sobre una enorme base, el suelo

is dirt, there is no door. I wave to a donkey,
I read his lips, his teeth are like mine, I walk
to the left to see the oven, I count the bricks,
I look at the clock again, I chew my flower.

es barro, no hay puerta. Saludo con la mano a un burro,
leo sus labios, sus dientes son como los míos, camino
a la izquierda para ver el horno, cuento los ladrillos,
miro el reloj de nuevo, mastico mi flor.

VI. Bread Without Sugar (1992)

VI. Pan sin azúcar
(1992)

The Song of the Green Willow

I guide my darling under the willow tree
to increase the flow of her blood.

A branch weeps, so does she, a twig breaks off
like one of her thoughts.

We are helpless together, we spend the night
listening to shameless sounds

and study the moon together, watching it spread
knowledge over the white mulberry.

Whoever lies down first, that one will hear
the cardinal first, and that one will see the streaks

above the lilacs. Whoever does not leave,
whoever is loyal, whoever stays, that one will see

the rabbits thinking, that one will see the nest
and small ones warm from living. Whoever sits up

and looks at the sky—whoever is alone—
that one will be the griever, that one will make

his song out of nothing, that one will lean on his side
and stir the ground with his stick—and break his stick—

if that is his way, and moan, if that is his way,
and go on forever—his thirty-two feet at a time—

La canción del sauce verde

Llevo a mi amada bajo el sauce
para aumentar el flujo de su sangre.

Una rama llora, ella también, una ramita se parte
como uno de sus pensamientos.

Los dos estamos indefensos, pasamos la noche
oyendo sonidos indecentes

y observamos la luna juntos, la vemos desplegar
su sabiduría sobre la blanca morera.

El que se acueste primero, ese escuchará
al cardenal primero, y ese verá los rayos de sol

sobre las lilas. El que no se vaya,
el que sea fiel, el que se quede, ese verá

a los conejos pensar, ese será el que vea el nido
y a las crías cálidas de vida. El que se siente

y mire el cielo –el que esté solo–
ese será el doliente, ese hará

su canción de la nada, ese se inclinará a un lado
y removerá la tierra con su vara –y romperá su vara–

si es su costumbre, y gemirá, si es su costumbre,
y lo hará por siempre –sus nueve metros y medio a la vez–

thirty-two feet until the branches start
and the scattered twigs,

her thoughts again—for him her thoughts—his song
of the green willow, her song of pain and severance.

más de nueve metros hasta que empiecen las ramas,
y las ramitas esparcidas,

los pensamientos de ella otra vez –para él sus pensamientos–, la
[canción de él
sobre el sauce verde, la canción de ella de dolor y ruptura.

Nice Mountain

Great little berries in the dogwood,
great little buds, like purple lights
scattered through the branches, perfect wood
for burning, three great candelabra
with dozen of candles, great open space
for sun and wind, great view, the mountain
making a shadow, the river racing
behind the weeds, great willow, great shoots,
great burning heart of the fields, nice leaves
from last year's crop, nice veins and threads,
nice twigs, mostly red, some green and silky,
nice sky, nice clouds, nice bluish void.

I light my candles, I travel quickly
from twig to twig, I touch the buttons
before I light them—it is my birthday,
two hundred years—I count the buds,
they come in clusters of four and seven,
some are above me, I gather a bunch
and hold it against my neck; that is
the burning bush to my left, I pick
some flaming berries, I hang them over
my tree, nice God, nice God, the silence
is broken by the flames, the voice
is a kind of tenor—there is a note
of hysteria—I came there first,
I lit the tree myself, I made
a roaring sound, for two or three minutes
I had a hidden voice—I try
to blow the candles out, nice breath,

Montaña bonita

Grandes bayitas en el cornejo,
grandes brotes diminutos, como luces carmesí
esparcidas por las ramas, madera perfecta
para hacer fuego, tres grandes candelabros
con docenas de velas, un gran espacio abierto
al sol y al viento, gran vista, la montaña
que hace sombra, la corriente del río
tras la maleza, gran sauce, grandes brotes,
gran corazón ardiente de los campos, hojas bonitas
de la cosecha del año pasado, bonitas venas e hilos,
bonitas ramitas, casi todas rojas, algunas verdes y sedosas,
bonito cielo, nubes bonitas, bonito vacío azulado.

Enciendo mis velas, viajo rápido
de ramita en ramita, toco los botones
antes de encenderlos –es mi cumpleaños,
doscientos años–, cuento los brotes,
vienen en grupos de cuatro y siete,
algunos están por encima de mí, cojo un manojo
y lo sostengo pegado al cuello; esa es
la zarza ardiente, a mi izquierda, cojo
algunas bayas de fuego, las cuelgo sobre
mi árbol, buen Dios, Dios bueno, el silencio
queda roto por las llamas, la voz
es como de tenor –hay un toque
de histeria–, yo llegué allí antes,
yo mismo prendí fuego al árbol, hice
un sonido rugiente, durante tres o cuatro minutos
tuve la voz velada; intento
soplar las velas, bonito aliento,

nice wagon wheel, great maple, great chimes,
great woodpile, great ladder, great mound of tires,
nice crimson berries, nice desert, nice mountain.

bonita rueda de carro, gran arce, grandes campanas,
gran montón de leña, gran escalera, gran pila de neumáticos,
bonitas bayas carmesí, bonito desierto, montaña bonita.

The Thought of Heaven

There is one blossom on my redwood table
I smell for hours, even holding it
like a handkerchief in the palm of my hand
and bringing it to my face. I recognize it
as a kind of thought, as in the black locust
the poor of the world for one or two weeks a year
have their paradise, nor is it disgraceful
nor is it weak and seedy even if the thorns
make their wrists bleed, even if the leaves
they love to strip are dry; as in the phlox,
the weightless phlox, the bees drag down, the six
colors of lavender, a field of wild ninnies
growing like grass where there is a little room
beside the road; as in the bridal wreath
that smells like honey, that covers a city with cream,
there is one day for pomp; as in the dogwood
there is one day for sadness, four curled petals
with drops of blood, growing white or pink
in the cold dirt, all the more to be
the contrast, under some maple or huge cherry,
for me a blossom of thought supreme, nothing
in the world like it; as in the colored weeds
on my dashboard; as in the flowers in all five pockets;
as in my blue jacket once I found twenty years
of thought—more than that—the election
of Lyndon Johnson, the death of Eleanor Roosevelt—
look how they are political—Americans
in Lebanon, in Hispaniola; I sit there
like a tailor, cleaning out lint, whatever
lint is, holding a stem in the air, rubbing

La idea celeste

Hay una flor sobre mi mesa de secuoya
que puedo oler durante horas, incluso sostenerla
como un pañuelo en la palma de la mano
y acercarla a mi rostro. La identifico como
un tipo de idea, como la negra acacia en la que
los pobres del mundo, durante una o dos semanas al año,
hallan su paraíso, y ni es indigna
ni es débil ni miserable aunque las espinas
hagan sangrar sus muñecas, aunque las hojas
que les gusta arrancar estén secas; como en el flox,
el etéreo flox, que las abejas derriban, los seis
colores de lavanda, un campo de flores silvestres
crece como la hierba, donde hay sitio
junto a la carretera; como en la guirnalda nupcial
que huele a miel, que cubre de nata una ciudad,
hay un día de celebración; como en el cornejo
hay un día de tristeza, cuatro pétalos curvados
con gotas de sangre, que crecen blancos o rosas
en la fría tierra, para hacer mayor
el contraste, bajo un arce o un enorme cerezo,
para mí la flor de una idea suprema, no hay nada
en el mundo comparable; como en la colorida maleza
en mi salpicadero; como en las flores en los cinco bolsillos;
como en mi chaqueta azul una vez encontré veinte años
de ideas –más que eso–, la elección
de Lyndon Johnson, la muerte de Eleanor Roosevelt
–mira cómo son políticos–, los norteamericanos
en Líbano, en la Española; me siento allí
como un sastre, quito la hilacha, lo que quiera que
sea la hilacha, sostengo un tallo en el aire, froto

a golden flower through my fingers, catching
the spots of light. The sun is on my left,
the poppies are in my driveway, a wild exchange
is taking place in my yard, something between
my dwarf apples; yellow dust is falling
into the sweet-smelling glue—this is thought,
even if it's copulation, it is a tried
and true intrigue, and old flirtation; there are
swollen stamens and green lipstick; Plato
would be the first to forgive me, but I don't think
of forgiveness now these last few decades. I
struggle past my willow; someone has cursed me
with a weeping willow, it is Chinese and grows
in swamps best, that I remember, swamps and bogs,
that and the sycamore; if anything,
I'll turn away; if anything I'll sit
among the broken sticks facing the fenced-in
weeds, revenge on groundhogs; I will stare
for a minute or two at a private flower, that is
enough for one day—who is it wants to sit
forever anyhow? There are two months
left—I should say three—the wind and the sun
will help me, so will water, so will bees,
for all I know, and moths, and birds; ah what
dark thoughts once rested in our coats, all of us,
dogs and cats and humans, not only burrs,
not only prickles; how it scatters first
and then floats back; that is what they called
a germ; it was Hegelian; I have
to find the pre-Socratic, that is for me
what thought should be, I am a sucker still
for all of it to hang together, I want
one bundle still. When the sweet scent comes from the east,

una flor dorada entre los dedos, capturo
los puntos de luz. El sol está a mi izquierda,
las amapolas están en el camino de entrada, un salvaje intercambio
tiene lugar en mi jardín, algo entre
mis manzanos enanos; cae polvo amarillo
sobre el pegamento de olor dulce: es una idea,
aunque esta sea cópula, es una intriga
probada, un antiguo coqueteo; hay
estambres hinchados y lápiz de labios verde; Platón
sería el primero en perdonarme, pero no he pensado
en el perdón demasiado durante las últimas décadas. Intento
a duras penas pasar junto a mi sauce; me han maldecido
con un sauce llorón, es chino y crece
mejor en los pantanos, o eso recuerdo, ciénagas y pantanos,
eso y el sicomoro; por si acaso,
me aparto; por si acaso me sentaré
entre los palos rotos frente al cercado
de maleza, venganza de las marmotas; me quedaré mirando
durante uno o dos minutos una flor en particular, eso será
suficiente para un día; ¿quién quiere sentarse
para siempre de todos modos? Aún quedan dos
meses –debería decir tres–, el viento y el sol
me ayudarán, también lo hará el agua, también lo harán las abejas,
por lo que sé, y las polillas y las aves; ay, qué oscuras
ideas moraron en nuestro pelaje, el de todos nosotros,
perros y gatos y humanos, no solo erizos,
no solo espinas; cómo eso se dispersa primero
y luego flota de nuevo; eso es lo que ellos llaman
el germen; eso era hegeliano; tengo que
encontrar el presocrático, eso es para mí
lo que debería ser la idea, soy todavía inocente
para relacionar una cosa con otra, todavía quiero
el paquete completo. Cuando el dulce aroma llega de oriente,

though I call it a thought, it is, as it should be,
something that precedes thought—that is a way
of putting it—something that accompanies thought,
but is thought as it drifts down over the Chinese
willow, as it flows above the table
and penetrates my door and windows; I bow
down to it, I let it change me, that
is the purpose of thought—I call it a thought, whatever
changes you. Dear apple, I am ready.
What is it for you, is it dreaming, does that set you
free? I call a bursting "dreaming," I call
a rage and sundering by its sweet-smelling name,
as if I were a child domesticating
everything within a mile for purposes
of my own rage. There is a thought. It is
if not in this blossom then in another,
in the lilies of our highways, in the great
round thistles beside them, in the black-eyed Susan,
the flower I always bend down for, most of all—
for two or three weeks at least—in the chicory,
blue with the dust of the universe, a blue
more like lavender—I would call it purple
if I were extreme—I would say the edges
are white for griping the sky, or they are drained
from so much thought. I call it a thought of heaven,
not too disgraceful for the chicory,
solemn and blue as it is, such is my thinking.

aunque yo lo llame una idea, es, como debe ser,
algo que precede a la idea —es una forma de
hablar—, algo que acompaña a la idea,
pero se hace idea mientras flota sobre el sauce
chino, mientras fluye por encima de la mesa
y penetra mi puerta y mis ventanas; me inclino
ante ella, la dejo que me cambie, ese
es el propósito de una idea —yo llamo idea a todo lo que
te cambia—. Querida manzana, estoy preparado.
¿Qué es eso para ti? ¿Es soñar? ¿Es eso lo que te
libera? Yo lo llamo explotar a «soñar», lo llamo
rabia y cisma por su nombre de olor dulce,
como si yo fuera un niño que domestica
todo en el radio de un kilómetro para
satisfacer mi propia rabia. Existe una idea. Está,
si no en esta flor, entonces en otra,
en los lirios de nuestras autopistas, en los grandes
cardos rollizos junto a ellas, en las equináceas,
las flores por las que siempre me agacho, pero sobre todo
—durante dos o tres semanas al menos— en la achicoria,
azul con el polvo del universo, un azul
más parecido a lavanda —lo llamaría púrpura
si fuera exagerado—, diría que los bordes
están blancos de agarrarse al cielo, o están agotados
de tanto pensar. Yo la llamo la idea celeste,
nada indigno para la achicoria,
por solemne y azul que parezca, ese es mi ideario.

Ukrainian

For Robin Beeman

Before I go outside I daub my face
with vinegar. That is Ukrainian. I put
one drop behind my knee and one on my earlobe.
I choose a bush. If there is a flower I scatter
a grain of sugar on the twig to help
the flying worms; I pick a weed; I prop
a rain-drenched tulip. There is a part of me
that lives forever. Spring after spring I sit
at my redwood table; at this point the grain is white
with age, the boards are splintered, the hole that held
a grand umbrella is bent, or twisted, nothing
could fit there. Yet I'm enchanted. I sit on the bench—
one of two—half-curved—the table itself
is round, it measures more than a yard, the end boards
are split and shattered. I have one favorite tree
and one favorite bird. I lift my cocoa. Water
is all around me. I make a pact; if the tree
lasts one more year, if it blooms next spring, if the flowers
that cover the twigs and fill the sky come back again
I'll stay here another winter, I'll plant a garden,
I'll trim my branches, I'll rake my leaves. The cardinal
who lives beside the redbud, he whose crimson
is richer than that pink, he who almost
shames the tulips, he whose carnal cry
is always loud and florid, he is my witness.

Ucraniano

> A Robin Beeman

Antes de salir a la calle me unto la cara
con vinagre. Eso es ucraniano. Me pongo
una gota detrás de la rodilla y una en el lóbulo de la oreja.
Elijo un arbusto. Si hay una flor esparzo
un grano de azúcar en el tallo para ayudar
a los gusanos voladores; cojo un yerbajo; sostengo
un tulipán empapado por la lluvia. Hay una parte de mí
que vive para siempre. Primavera tras primavera me siento
en mi mesa de secuoya; en este punto el grano es blanco
por la edad, las tablas están astilladas, el hueco que contenía
un gran paraguas está doblado o torcido, nada
más cabe ahí. Y aun así estoy encantado. Me siento en el banco
—uno de los dos— casi doblado hacia dentro; la mesa en sí
es redonda, mide más de noventa centímetros, los bordes
están cuarteados y hechos añicos. Tengo un árbol favorito
y un pájaro favorito. Levanto mi taza de chocolate. Agua
es lo que me rodea. Hago un pacto; si el árbol
sobrevive un año más, si florece la siguiente primavera, si las flores
que cubren las ramitas y llenan el cielo vuelven de nuevo
me quedaré aquí otro invierno, plantaré un jardín,
podaré las ramas, rastrillaré las hojas. El cardenal
que vive junto a la cercis roja, ese cuyo carmesí
es más fuerte que aquel rosa, ese que casi
avergüenza a los tulipanes, ese cuyo llanto carnal
es siempre alto y florido, ese es mi testigo.

VII. Odd Mercy
(1995)

VII. Extraña piedad
(1995)

Fleur
>   For Laraine Carmichael

No sense lying—my own two rows of pompoms
are still alive, even in November, the frost
of October 12th meant nothing. Here I am
watching marigolds, in the dark. Can you
believe it? What do you think they looked like? Why
was I denied those little buttons, those small
orange clusters? These are like trees, and branch and divide,
they cover my daisies, they ruin my iris, there is
a forest here! How can I scoop the dirt up
with my own nails and rend my hair? There isn't
a single thing here for me to love, I feel
belittled. Where are the leaves? How can these flowers
live without leaves? It could have been the snapdragon
with swollen blossoms and dark spots in the throat,
it could have been the daisy, Lord they
grow to supernatural heights, but there is
wisdom somewhere. I could have walked through daisies
sucking my cheeks. I could have lain like a swan
with eyelashes intact and pulled the *fleurs*—
they are called *fleurs*—she loved me all that morning,
she loved me not, she hates me, she despises me,
she was my lily, she is, or was, my lavender,
she was my delphinium, short and blue. I count
my *fleurs*, I have a way to go. I see me
walking the borders, my hands are in my pockets,
the railroad ties are *planks*, I turn to the left,
I am ready at any minute to plunge
into the marigolds and rub my hair
with maroon *fleurs*; or I am ready to cut
one or two branches and bring them inside. I have

Fleur
>> A Laraine Carmichael

No tiene sentido mentir; mis dos filas de rosas de pitiminí
aún están vivas, incluso en noviembre, la helada
del doce de octubre no fue nada. Aquí sigo
mirando las caléndulas, en la oscuridad. ¿Te lo puedes
creer? ¿Cómo crees que eran? ¿Por qué
se me negaron esos diminutos botones, esos pequeños
racimos naranja? Son como árboles, y se ramifican y se dividen,
cubren mis margaritas, arruinan mis lirios, ¡hay
todo un bosque aquí! ¿Cómo puedo remover la tierra
con mis propias uñas y luego mesarme los cabellos? No hay
una sola cosa aquí que ame, me siento
menospreciado. ¿Dónde están las hojas? ¿Cómo pueden estas flores
vivir sin hojas? Pudo haber sido la boca de dragón
de flores henchidas y manchas oscuras en la garganta,
pudo haber sido la margarita, Dios, qué
alturas sobrenaturales alcanzan, pero prevalece
el sentido común. Podría haber caminado entre margaritas
chupándome las mejillas. Podría haberme echado como un cisne
de intactas pestañas y arrancado las *fleurs*
—se las llama *fleurs*—: ella me amó toda la mañana,
ella no me amó, ella me odia, ella me desprecia,
ella era mi lirio, ella lo es, o lo era, mi lavanda,
ella era mi delfinio, corto y azul. Cuento
mis *fleurs*, tengo para rato. Me veo
caminando por los bordes, las manos en los bolsillos,
las traviesas ferroviarias son tablones, giro a la izquierda,
estoy dispuesto en cualquier momento a zambullirme
entre caléndulas para frotar el pelo
contra las rojizas *fleurs*; o estoy dispuesto a cortar
una o dos ramas y llevarlas adentro. Tengo una

a bucket of orange and yellow. I add some honey
and marjoram and bitters, I can rinse
my face when I want to, say all winter, and I can
start next time with flats, some Crown of Gold
for early rising, some Yellow Cupid for roaring,
and bury whatever is left out there, three stalks
with curled dried-up leaves, and heads bent down
like rubber mops and one small dragon, its throat
painted scarlet and three or four ox-eyed giants
with *fleurs* like impoverished nails, like filed teeth,
hanging on, I guess, to love, she loves me,
she loves my crumbling leaves, she loves my spikes,
she loves my broken stalks, she loves my mop,
and I love hers though mostly I love the light
that comes from her—her *emanation*—did I
ever think I'd say that?—and the coneflower
that rotted for two or three weeks—I love that—
and how my fate was sealed by which direction
the stem would fall and whether the head would drop
before the leaves, and how she knew it, my *fleur*.

cubeta de naranjas y amarillas. Añado algo de miel
y mejorana y amargor, puedo enjuagarme
el rostro cuando quiera, pongamos durante todo el invierno, y puedo
comenzar la próxima vez con un semillero, algunas coronas de oro
que florezcan temprano, algunos cupidos amarillos para el rugido,
y enterrar cualquier otra cosa que quede por ahí, tres tallos
de hojas curvadas y secas, y cabezas gachas
como fregonas de caucho y una pequeña boca de dragón, su garganta
pintada de escarlata y tres o cuatro gigantes con ojos de buey
con *fleurs* como uñas empobrecidas, como dientes afilados,
que esperan, supongo, al amor, ella me ama,
ama mis hojas caídas, ama mis púas,
ama mis tallos rotos, ama mi greña,
y yo amo la suya pero sobre todo amo la luz
que proviene de ella, su emanación –¿acaso pensé alguna vez
que diría esto?– y la equinácea
que se pudrió durante dos o tres semanas –eso me encanta–
y cómo mi destino dependía de la dirección
en la que caería el tallo y si la cabeza caería
antes que las hojas, y cómo ella lo sabía, mi *fleur*.

Ida

Well, I am like a palm tree,
the plant of pure ugliness,
somewhere in a front yard
spared by the last hurricane,
one of the royal ones
whose glory is turned to scum,
whose riches are turned to rubbish.
It is as if its skin
was chiseled, it is as if
its hair was ripped from its head,
its dirty squirrel tail fronds
turning brown on the sidewalk.
It is as if the wind
was showing it some kind of love,
the light beams of Plotinus
straight from the stars, like arrows
pointing down, like eyeballs
pointed up, the arrows
of our desire more broken,
more curved, the music coming
in English as well as Italian,
Pavarotti singing "Wien, Wien,"
my mother on the edge of her bed
staring at the lighted box,
her throat not yet closed up,
her own eyes wet with song,
a fixed smile on her lips,
her longing for the past so keen
it breathed in her, the moon
now gone from her life, the light

Ida

Pues bien, soy como una palmera,
la planta de la fealdad absoluta,
en algún patio de alguna parte
que ha escapado al último huracán,
una de las regias
cuya gloria se ha vuelto desecho,
cuya riqueza se ha vuelto basura.
Es como si su piel
hubiera sido cincelada, como si
su cabello hubiera sido arrancado de la cabeza,
sus sucias hojas de cola de ardilla
se vuelven marrones sobre la acera.
Es como si el viento le
mostrara un poco de amor,
los haces de luz de Plotino
directos desde las estrellas, como flechas
apuntando hacia abajo, como globos oculares
apuntando hacia arriba, las flechas
de nuestro deseo más rotas,
más curvadas, la música que llega
en inglés y en italiano,
Pavarotti cantando «Wien, Wien»,
mi madre al borde de su cama
mirando fijamente al receptor iluminado,
ls garganta entrecerrada,
los ojos húmedos por culpa de la canción,
una sonrisa fija en los labios,
su añoranza del pasado tan aguda
que respiraba a través de ella, la luna
ahora oculta en su vida, la luz

on the bay now gone, the Florida
of anger and melancholy
also gone, Pavarotti,
a fat angel with a beard
dressed in a silk tuxedo
with a handkerchief in his hand
singing and singing, and she,
poor Ida, poor Ida, still sitting
and smiling; it is as if
there was a kindness, as if
there was a thought to her pain,
as if the scarves in her dresser
could save her, or even the letters,
as if the bird-of-paradise
I sent her was not a simulacrum,
its yellow crown vibrating
on a true head, its blue beak
thinking, as if it prayed
the way a bird does that's shaped
like a gaudy plant—"Oh palm tree,
look at me shaking my head,
look at the red and green
flash in, flash out, may your eyes
be open to our distress,
we have polluted your name,
we have acted corruptly,
Thou art truly just—"
made of threads, you know,
a kind of netting, the flesh
is more than flesh, I hate it
because it expands by cracking,
because it grows in segments
and bends half over, because

en la bahía ahora ausente, la Florida
de cólera y melancolía
también desaparecida, Pavarotti,
un ángel gordo con barba,
vestido con un esmoquin de seda,
con un pañuelo en la mano
cantando y cantando, y ella,
pobre Ida, pobre Ida, aún sentada
y sonriendo; es como si
hubiera una bondad, como si
hubiera un sentido en su dolor,
como si los pañuelos en la cómoda
pudieran salvarla, o incluso las letras,
como si el ave-del-paraíso
que le envié no fuera un simulacro,
la corona amarilla vibrante
sobre una cabeza real, el pico azul
que piensa, como si rezara
como lo hace un pájaro que tiene forma
de planta llamativa –«Oh palmera,
mira cómo sacudo la cabeza,
mira el rojo y el verde
destello adentro y afuera, que tus ojos
se abran ante nuestra angustia,
hemos contaminado tu nombre,
hemos actuado de manera corrupta,
Tú eres verdaderamente justa»–
hecha de hilos, ya sabes,
una especie de red, la pulpa
es más que pulpa, la odio
porque se expande al rajarse,
porque crece en segmentos
y se dobla por la mitad, porque

of the swelling in the middle,
because the dead leaves envelop
the trunk, because it is home
to a thousand insects, it is
a kind of forest, because
the old skin is like burlap,
because I can't breathe, because
we sweat in Florida, because
Pavarotti and his handkerchief
are drenched, because my mother
is moving her lips—you know
how it is, the small birds drop in
and out, they stab each other,
an airplane is booming, an ambulance
is passing by; she was
afraid of dogs, what would she
do in this swamp? The fruitwood
she loved is swollen, the wormholes
were painted on, the sun
ruined every surface, the green rug
is stiff and pale, the metal
is rusty, the lampshades are gone.
She lived here twenty-seven years,
Ida of the plain song,
Ida of Sigmund Romberg,
Ida of the Strausses,
Ida and her Henry,
Ida and her Jimmy,
Ida and her Harry,
Ida and standing at the rail
of *The Song of Norway*, her hat
about to blow off, or standing
in front of St. Marks, the pigeons

se hincha en medio,
porque las hojas muertas envuelven
al tronco, porque es la morada
de miles de insectos, es
una especie de bosque, porque
la piel vieja es como estopa,
porque no puedo respirar, porque
sudamos en Florida, porque
Pavarotti y su pañuelo
están empapados, porque mi madre
mueve los labios; tú sabes
cómo funciona, los pajaritos entran
y salen, se apuñalan entre sí,
un avión truena, pasa una
ambulancia; ella tenía
miedo a los perros, ¿qué haría ella
en esta ciénaga? La madera de frutal
que ella amaba está hinchada, los agujeros de gusano
cubiertos de pintura, el sol
estropeó cada superficie, la alfombra verde
está tiesa y pálida, el metal
oxidado, las pantallas perdidas.
Ella vivió aquí veintisiete años,
la Ida del canto llano,
la Ida de Sigmund Romberg,
la Ida de los Strauss,
Ida y su Henry,
Ida y su Jimmy,
Ida y su Harry,
Ida de pie en la cubierta
del The Song of Norway, su sombrero
a punto de volársele, o de pie
frente a St. Marks, las palomas

eating at her heart, or Ida
dressed like Lillian Russell
the last night out in a harbor
in Venezuela or watching
La Bohème at the Nixon
in downtown Pittsburg and eating
afterwards at Buon Giovanni's
or reading *Anna Karenina*
on the back porch on Vine Street,
her father smiling, the blue-eyed
distant saint, St. Beryl
the chicken killer, the scholar,
my secret and sorrowful mother.

devorando su corazón, o Ida
vestida como Lilian Russell
la última noche en un puerto
de Venezuela, o viendo
La Bohème en el Nixon
en el centro de Pittsburgh y comiendo
luego en Buon Giovanni's
o leyendo *Ana Karenina*
en un porche trasero en la calle Vine,
mientras su padre sonríe, el santo distante
de ojos azules, St. Beryl
el asesino de pollos, el erudito,
mi secreta y dolorosa madre.

Oracle

I have a blue chair; there is a blue rock
and a weed in flower just before the hill
begins in earnest. There is a little chorus
somewhere down there and something that lost its voice
a half a century ago is starting up
again; it was a tenor, it was a boy
soprano, it lives by itself, it is
disincarnate, it moves from C to C,
and it is in a valley beside some mint,
against a cherry. I sang my heart out. I learned
to pipe early, I held my arms out, I buried
one hand in another—so we can have something
to do with our wrists, so we can expand our lungs
at the same time, so we can warble, so we could last
forever. Consider the basso profundo that sang
as if he were a string, his voice expanded
and shook, consider the alto. The hair on my face,
the hormones in my heart, the flesh in my hand—
this is how a soprano just disappeared
and a hoarse baritone with a narrow range
suddenly took her place. The sun in the desert
going quickly down, the dark from nowhere, voices
droning, voices shrieking, I am grateful.

Oráculo

Tengo una silla azul; hay una roca azul
y mala hierba en flor justo antes de que la colina
comience en serio. Hay un pequeño coro
en algún lugar de ahí abajo y algo que perdió su voz
hace medio siglo está surgiendo
de nuevo; era un tenor, era un niño
soprano, vive solo, es
etéreo, se mueve de Do a Do,
y está en un valle junto a la menta,
contra un cerezo. Canté con toda el alma. Aprendí
a cantar de joven, extendía mis brazos, ponía
una mano sobre la otra —para tener algo
que hacer con las muñecas, para poder expandir los pulmones
al mismo tiempo, para poder trinar, para
durar por siempre–. Ten en cuenta al bajo profundo que cantaba
como si fuera una cuerda grave, su voz se expandía
y se contraía, ten en cuenta al alto. El vello en mi rostro,
las hormonas en el corazón, de mi mano la carne;
así es como desaparece una soprano
y un ronco barítono de registros limitados
ocupa su lugar de repente. El sol en el desierto
se esconde a toda prisa, la oscuridad de la nada, voces
que zumban, voces que gritan, estoy agradecido.

The Jew and the Rooster Are One

After fighting with his dead brothers and his dead sisters
he chose to paint the dead rooster of his youth,
thinking God wouldn't mind a rooster, would he?—or thinking
a rooster would look good in a green armchair
with flecks of blood on his breast and thighs, his wings
resting a little, their delicate bones exposed, a
few of the plumes in blue against the yellow
naked body, all of those feathers plucked
as if by a learned butcher, and yet the head
hanging down, the comb disgraced, the mouth
open as if for screaming, the right front chair leg,
seen from a certain angle, either a weapon
or a strong right arm, a screaming arm, the arm
of an agitator; and yet at the same time the chair
as debonair as any, the brown mahogany
polished, the carving nineteenth century, the velvet
green, an old velour, as if to match
the plumes a little, a blue with a green. No rabbi
was present, this he knew, and no dead butcher
had ever been there with his burnished knife
and his bucket of sand; this was the angry rooster
that strutted from one small house to another, that scratched
among the rhubarb, he is the one who stopped
as if he were thinking, he is upside down now
and plucked. It looks as if his eye can hardly
contain that much of sorrow, as if it wanted
to disappear, and it looks as if his legs
were almost helpless, and though his body was huge
compared to the armchair, it was only more
horrible that way, and though his wings were lifted

El judío y el gallo son uno

Tras luchar con sus hermanos muertos y sus hermanas muertas
decidió pintar el gallo muerto de su juventud,
pensando que a Dios no le importaría un gallo, ¿no?; o pensando
que un gallo quedaría bien en un sillón verde
con manchas de sangre en el pecho y los muslos, las alas
descansando un tanto, los delicados huesos a la vista, unas
cuantas plumas azules contra el amarillo
cuerpo desnudo, todas esas plumas arrancadas
como por un carnicero experto, y aun así la cabeza
colgando, la cresta malograda, la boca
abierta como para gritar, la pata frontal derecha de la silla,
vista desde un ángulo concreto, bien un arma
o bien una fuerte diestra, una diestra vociferante, la diestra
de un agitador; y aun así y al mismo tiempo la silla
tan elegante como cualquier otra, el marrón caoba
pulido, el tallado decimonónico, el terciopelo
verde, velvetón gastado, casi a juego
con las plumas, un azul con un verde. Ningún rabino
estuvo presente, eso él lo sabía, y ningún carnicero muerto
había estado allí nunca con un cuchillo bruñido
y un cubo de arena; este era el gallo airado
que se pavoneaba de una casita a otra, que escarbaba
entre el ruibarbo, el que se detenía
como si estuviera pensando, el que ahora está bocabajo
y desplumado. Parece como si su ojo apenas pudiera
contener tanta tristeza, como si quisiera
desaparecer, y parece como si sus patas
estuvieran casi indefensas, y aunque su cuerpo era enorme
en comparación con el sillón, eso lo hacía aún más
terrible, y aunque sus alas estaban alzadas

it wasn't for soaring, it was more for bedragglement
and degradation. Whatever else there was
of memory there had to be revenge there,
even revenge on himself, for he had to be
the rooster, though that was easy, he was the armchair
too, and he was the butcher, it was a way
to understand, there couldn't be another, he had to
paint like that, he has to scrape the skin
and put the blotches on, and though it was
grotesque to put a dead rooster in an armchair
his table could have been full, or he just liked
the arrangement, or he was good at painting a chair
and it was done first—although I doubt it—or someone
brought him the bird—a kind of gift—for food was
cheap then, and roosters were easy to cook; but it was
more than anything else a kind of Tartar,
a kind of Jew, he was painting, something
that moved from Asia to Europe, something furious,
ill and dreamy, something that stood in the mud
beside a large wooden building and stared at a cloud,
it was so deep in thought, and it had tears
in a way, there was no getting around that kind
of thinking even if he stood in the middle of the room
holding his paintbrush like a thumb at arm's length
closing one of his eyes he still was standing
in the mud shrieking, he still was dying for corn,
he still was golden underneath his feathers
with freckles of blood, for he was a ripped-open Jew,
and organs all on show, the gizzard, the liver,
for he was a bleeding Tartar, and he was a Frenchman
dying on the way to Paris and he was
tethered to a table, he was slaughtered.

no era para remontar el vuelo, era más por su desaliño
y escarnio. Lo que quedaba
de memoria tenía que ser al mismo tiempo venganza,
incluso venganza de sí mismo, porque aunque él tenía que ser
el gallo, y eso era fácil, él era el sillón
también, él era el carnicero, él era una forma
de entendimiento, no podía haber otra, él tenía que
pintar así, él tiene que raspar la piel
y poner las manchas encima, y aunque era
grotesco poner un gallo muerto en un sillón
su mesa podría haber estado ocupada, o tal vez a él le gustaba
esa disposición, o es que era bueno pintando sillas
y fue lo que hizo primero –aunque lo dudo– o quizás alguien
le llevó el ave –una especie de regalo– porque la comida era
barata entonces, y los gallos eran fáciles de cocinar; aunque él era
más que nada una especie de tártaro,
una especie de judío, él estaba pintando, algo
que pasó de Asia a Europa, algo furioso,
enfermo y soñador, algo que se detuvo en el barro
junto a un gran edificio de madera y se quedó mirando una nube,
absorto en sus pensamientos, y tenía lágrimas
de alguna manera, no podía evitarse esa forma
de pensar y aunque él estuviera de pie en mitad de la habitación
sosteniendo el pincel como un pulgar con el brazo extendido
cerrando uno de los ojos él seguía de pie
chillando en el barro, él seguía muriéndose por comer maíz,
él era aún dorado bajo las plumas
con pecas de sangre, porque él era un judío abierto en canal,
con sus órganos todos al aire, la molleja, el hígado,
porque él era un tártaro desangrándose, y él era un francés
agonizando de camino a París y lo
ataron a una mesa, y lo despedazaron.

St. Mark's

Still like a child, isn't it?
Climbing up an iron staircase,
arguing with some Igor
over the broken lock,
letting my head hang into the sink,
rinsing my neck with cold water.

Like wolf, wasn't it?
or a dove that will never die.
Reading Propertius, trampling
the highest stars,
forcing my hands together,
touching the row of snow-capped garbage cans.

Swaybacked, wasn't it?
Dragging my wet feet
from one park to the other.
"Softened by time's consummate plash,"
isn't it?
Tulip of the pink forest.
Red and yellow swollen rain washed tulip.

St. Mark's

Aún como un niño, ¿no?
Trepar por una escalera de hierro,
discutir con algún Igor
sobre la cerradura rota,
dejar que la cabeza cuelgue sobre el fregadero,
enjuagar el cuello con agua fría.

Como un lobo, ¿no fue así?
o una paloma que nunca morirá.
Leer a Propercio, pisotear
las estrellas más altas,
obligar a mis manos a unirse,
tocar la fila de cubos de basura cubiertos de nieve.

Con el lomo hundido, ¿no fue así?
Arrastrar mis pies mojados
de un parque a otro.
«Atenuado por el salpicar consumado del tiempo»,
¿no?
Tulipán de la selva rosa.
Rojo y amarillo tulipán henchido y lavado por la lluvia.

VIII. THIS TIME
New and Selected Poems
(1998)

VIII. Esta vez
Poemas nuevos y escogidos
(1998)

This Time

That was his picnic table and those were his two
spruce trees growing so vertical you'd think
there was some desperation, say a roof
eating the light up, say a chimney, and those
two things that flew from gutter to gutter and perched
for only a second—each of them—were the black-streaked
white-faced goblins coming to eat and sing
above the noise of cardinals and the humming
of rubber and its echoes and the roaring
of the early train. Lord, he was here again
not far from the jungle gym beside the plastic
zebra. Lord, he would stare at the light bulb
in front of the voltage box bolted to the untarred
telephone pole. He would study the guy wire
and how it stretched between the roses, the wire
that cut the earth just so that nothing fell there
and dip his face to suck his tea without
using his hands this time and say his *chanson*
in English and French the way they did six centuries
ago without one word of rage, with reference
to the lark this time and the white hawthorn, beating
one hand and one heavy knuckle, his tongue whacking
the roof of his mouth, his musical thumb scraping
across the dining-room table, his pitiful slurs
in front of his metal quail, his fripperies
over his wooden-faced carp, his hapless rib cage
and nerveless fingers, his clumsy flutters
and three or four poor staccatos, hard time this time.

Esta vez

Esa era su mesa de pícnic y esos eran sus dos
abetos creciendo tan verticales que te hacían pensar
que había cierta desesperación, pongamos un techo
que devora la luz, pongamos una chimenea, y esas
dos cositas que volaban de cuneta en cuneta y se encaramaban
apenas un segundo —cada una de ellas— eran los duendes
de rayas negras y cara blanca que venían a comer y cantar
por encima del ruido de los cardenales y el zumbido
del caucho y sus ecos y el rugido
del primer tren. Señor, él estaba aquí de nuevo
no muy lejos del parque infantil junto a la cebra
de plástico. Señor, iba mirando la bombilla
frente al cuadro de distribución atornillado
al poste de teléfono sin alquitranar. Estuvo observando el tirante
y cómo se extendía entre las rosas, el cable
que se adentraba en la tierra para que allí nada cayera,
y hundió el rostro para sorber su té sin usar
las manos esta vez y entonar su *chanson*
en inglés y francés como lo hacían hace seis siglos
sin una sola palabra de rabia, nombrando
a la alondra esta vez y al espino blanco, golpeando
una mano y un pesado nudillo, chasqueando la lengua
contra el cielo de su boca, su musical pulgar rascando
a través de la mesa del comedor, sus insultos lamentables
frente a la codorniz de metal, sus frivolidades
ante la carpa de rostro inexpresivo, su triste caja torácica
y dedos flácidos, su torpe aletear
y tres o cuatro pobres *staccatos*, difícil esta vez.

Eggshell

For Larry Levis, 1946-1996

The color of life is an almost pale white robin's green
that once was bluer when it was in the nest
before the jay deranged the straw and warm flesh
was in the shell. I found it while doing my forty-five
minute walk between two doors beside some
bushes and flowers. I put it in one of my pockets
keeping some space around it to protect
the pale green, an idiot carrying a dead
child inside him, something that might have broken out
anyway, a blue afterbirth shoved out of the
nest. I laid my dead like eggs on the table,
twelve tombstones to a box. I buried
dread that way, my telephone calls and letters,
and on the way I walked into a side yard
and straightened a brick—for it was May—and chased
a garter snake into his rainspout; and since it was morning
and it was hot already I put the eggshell
under a leather chair and thought of our trip
to New Orleans and used the end of a broom
to prop up a rosebush, the way we do, sweet Larry.

Cascarón de huevo

A Larry Levis, 1946-1996

El color de la vida es un verde petirrojo pálido casi blanco
que alguna vez fue más azul cuando estaba en el nido
antes de que el grajo desordenara la paja y cuando la tibia carne
estaba en el cascarón. Lo encontré mientras daba mi paseo
de cuarenta y cinco minutos entre dos puertas junto a varios
arbustos y flores. Lo puse en uno de mis bolsillos
dejando algo de espacio alrededor para proteger
el verde claro, un idiota que lleva a un niño
muerto dentro, algo que se hubiera escapado
de todas formas, azules secundinas expulsadas
del nido. Tendí a mi muerto como huevos sobre la mesa,
doce lápidas para una misma caja. Sepulté
el temor de esa manera, las llamadas telefónicas y las cartas
y de camino entré a un patio lateral
y enderecé un ladrillo –porque era mayo– y perseguí
una culebra hasta su canalón; y como era de día
y ya hacía calor puse el cascarón
bajo un asiento de cuero y pensé en el viaje que hicimos
a Nueva Orleans y usé el extremo de una escoba
para apuntalar un rosal, como solemos hacer nosotros, dulce Larry.

Swan Legs

Just for a second, when Mao stood up and walked
out of the theater in Leningrad the swan
stopped dancing and Khrushchev just shrugged his shoulders
and lowered his eyes. Mao's hatred for tutus
prevailed as his hated for Russian food
and his hatred for clean napkins. Nixon and Kissinger
sat for the swan in Washington—they passed
notes between them and when they were finished reading
they tore them in tiny pieces. The swan believed
in suffering so she floated across the stage,
well, sort of floated, and so it goes; the pricks
down there in their seats they couldn't care less, they feasted
on swan legs, they took care of themselves,
yet why should I pick on them, there is enough
feasting even without them. I usually know
pricks, the swan is lucky for such a bird
to do what she does to music, to do it to song,
her head in the air, so misunderstood and hated,
so wrongly loved; first her dark beak swaying,
and that is the violin, and then her leaping,
and that is the harp, or the comb—look at me forgetting
the comb, and the sweet potato, when I was a swan
myself, and I almost floated; the one I remember
she sang and trilled a little, that was a swan
with a voice, the thigh is wider than a chicken's
the flesh is dark and stringy; it was vinegar
they forced down the throat, plain distilled white vinegar,
to soften the wild flesh and kill the suffering.

Piernas de cisne

Solo por un segundo, cuando Mao se levantó y abandonó
el teatro en Leningrado, el cisne
dejó de bailar y Jrushchov se limitó a encogerse de hombros
y bajar los ojos. El odio de Mao por los tutús
se impuso al igual que su odio por la comida rusa
y su odio por las servilletas limpias. Nixon y Kissinger
se sentaron a ver el cisne en Washington; se pasaban
notitas entre ellos y cuando habían terminado de leerlas
las rompían en pedacitos. El cisne creía en
el sufrimiento y por eso flotaba en el escenario,
bueno, casi flotaba, y así seguía; a los capullos
de ahí abajo en sus asientos no les podía importar menos, ellos
                                                             [festejaban
las piernas del cisne, cuidaban de sí mismos,
aunque por qué habría yo de meterme con ellos, hay suficiente
festín incluso sin ellos. Suelo reconocer
a un capullo, para ser un ave el cisne tiene suerte de hacer
lo que hace al ritmo de la música, al ritmo de la canción,
la cabeza en el aire, tan incomprendido y odiado,
tan malquerido; primero el negro pico que se mece,
que es el violín, luego su salto,
que es el arpa, o la cresta; cómo pude olvidar
la cresta, y la batata, cuando yo mismo era
un cisne y casi flotaba; la que yo recuerdo
solía cantar y hacer gorgoritos, eso era un cisne
con voz, el muslo más ancho que el de un pollo,
su carne morena y firme; fue vinagre
lo que la obligaron a tragar, puro vinagre blanco destilado,
para ablandar su carne indómita y acabar con su sufrimiento.

Lilacs for Ginsberg

I was most interested in what they looked like dead
and I could learn to love them so I waited
for three or four days until the brown set in
and there was a certain reverse curl to the leaf by
which in putting my finger on the main artery
beside the throat I knew the blood had passed on
to someplace else and he was talking to two
demons from the afterlife although it was
just like the mountains in New York State since there was
smoke in the sky and they were yelping and he was
speaking in his telltale New Jersey English
and saying the same thing over and over the way he
did when he was on stage and his white shirt was
perfect and the lack of air and of light
aged the lilacs but he was sitting on a lily
in one or two seconds and he forgot about Eighth Street
and fame and cancer and bent down to pick a loose
diamond but more important than that he talked
to the demons in French and sang with his tiny voice
nor did he go on about his yellow sickness
but counted the clusters and said they were only stars
and there were two universes intertwined, the
white and the purple, or they were just crumbs or specks
that he could sprinkle on his pie nor could he
exactly remember his sorrow except when he pressed
the lilacs to his face or when he stooped
to bury himself in the bush, then for a moment
he almost did, for lilacs clear the mind
and all the elaborations are possible in their
dear smell and even his death which was so
good and thoughtful became, for a moment, sorrowful.

Lilas para Ginsberg

Me interesaba sobre todo qué aspecto tendrían muertas
y si podría aprender a quererlas así que esperé
tres o cuatro días hasta que el marrón se impuso
y hubo una especie de bucle invertido en la hoja por
el que al poner mi dedo en la arteria principal
junto a la garganta yo sabía si que la sangre había pasado
a otro lugar y él estaba hablando con dos
demonios del más allá aunque el sitio era
idéntico a las montañas del estado de Nueva York porque había
humo en el cielo y estaban aullando y él estaba
hablando en su típico inglés con acento de Nueva Jersey
y repitiendo lo mismo una y otra vez como solía
hacer cuando estaba en el escenario y su camisa blanca era
perfecta y la escasez de aire y de luz
ajaba las lilas pero él estaba sentado sobre un lirio
al cabo de uno o dos segundos y se olvidó de la calle 8
y la fama y el cáncer y se inclinó para coger un diamante
del suelo, pero, más importante que eso, habló
a los demonios en francés y cantó con su vocecita
y no dijo nada sobre su enfermedad amarilla
pero contó los cúmulos y dijo que solo eran estrellas
y que había dos universos entrelazados, el
blanco y el púrpura, o que eran solo migajas o motas
con las que él podía rociar su tarta y no pudo
acordarse de su tristeza excepto cuando hundió
su rostro en las lilas o cuando se agachó
para hundirse en el arbusto, entonces por un momento
casi pudo hacerlo, porque las lilas despejan la mente
y todas las elaboraciones son posibles inmersas en su
dulce aroma e incluso su muerte que fue tan
buena y respetuosa se convirtió, por un instante, en algo triste.

Personal

I am a moth of sorts the way I strip down
leaves, and if there is a rustling sound I listen
and even ask directions since I have no fear
of being found unmanly. I even stay
sometimes to gossip with the branches about
the flowers we hate, and Mexican cooking, and lights
strung through the trees, and that always leads to Christmas
and that leads to a discussion of Christ and by some
fluke I don't understand that leads to welfare
and gun control and Madison's viewpoint and how many
guns the average New Mexican owns and the average
New Yorker, counting the Projects and counting the gated
communities and whether your Lord would like it
walking on carpets, or call it my Lord, and who
would wash those feet and whether his name is Jesus
or Joshua and if his hair was red and who
gave whom the vinegar and what did I sing.

Personal

Soy una especie de polilla por la manera en que carcomo
las hojas, y si hay un crujido escucho
e incluso pregunto la dirección porque no tengo miedo
de ser considerado poco viril. Incluso me quedo
a veces a charlar con las ramas sobre
las flores que odiamos, y la cocina mexicana, y las luces
encadenadas a través de los árboles, y eso siempre lleva a la Navidad
y eso conduce a una discusión sobre Cristo y por alguna
casualidad que no entiendo eso conduce a la asistencia social
y al control de armas y al punto de vista de Madison y al número
de pistolas que posee el habitante medio de Nuevo México
y el neoyorquino medio, teniendo en cuenta las viviendas sociales
                                                    [y las urbanizaciones
cerradas y si a tu Señor le gustaría
caminar sobre alfombras, o que yo lo llame mi Señor, y quién
lavaría esos pies y si su nombre es Jesús
o Josué y si tenía el pelo rojo y quién
le dio a quién el vinagre y qué fue lo que yo canté.

The Sounds of Wagner

You could call him a lachrymose animal
lying on his glasses at two in the morning
remembering the photograph of himself ice-skating
on his uncle's farm or eating hot sausages
and buttermilk or making a speech for Stevenson
on Chestnut Street in Philadelphia or talking
to Auden about Velveeta cheese or standing
for an hour in front of the Beacon Pharmacy
and pitching pennies or climbing all day long
above the Liberty Tunnel or swimming by himself
around the Steel Pier in his wool bathing suit.

He loved lavender more than anything else
and never forgot the sun suit he wore, nor did he
ever forget looking into the tiny window
of a music listening room and seeing his darling
fucking someone else on the carpeted floor,
her earphones still intact though his—her lover's—
an Air Corps Cadet—his hung askew and the sounds
of Wagner floated or scattered throughout the room,
and he could hear it, nor did he ever forget
his walk that day through the park and how ashamed
he felt, and bitter, and how he weathered it.

La música de Wagner

Podrías llamarlo un animal lacrimógeno
echado sobre sus gafas a las dos de la mañana
recordando la fotografía de sí mismo patinando sobre hielo
en la granja de su tío o comiendo salchichas calientes
y suero de mantequilla o elaborando un discurso para Stevenson
en la calle Chestnut en Filadelfia o hablando
con Auden sobre el queso Velveeta o de pie
durante una hora frente a la farmacia Beacon
y lanzando centavos o trepando todo el día
sobre el túnel Liberty o nadando solo
en el muelle Steel con su bañador de lana.

Amaba la lavanda más que nada en el mundo
y nunca olvidó el traje de baño que llevaba puesto, y tampoco
olvidó nunca mirar por la ventanita
de la sala de audiciones para ver a su amada
follando con otro sobre el suelo alfombrado,
los auriculares de ella aún intactos aunque los de él –los de su
                                                             [amante,
un cadete de Aviación–, los de él colgando y la música
de Wagner flotaba o se derramaba por la sala,
y él pudo oírlo, y tampoco pudo olvidar
el paseo aquel mismo día por el parque y la vergüenza
que sintió, y la amargura, y cómo logró sobreponerse.

IX. Last Blue
(2000)

IX. Último azul
(2000)

Last Blue

You want to get the color blue right,
just drink some blue milk from a blue cup;
wait for the blue light of morning
or evening with its blue aftermath.

You want to understand,
look at the parking lines outside my window,
the neon moon outside Jabberwocky's.

And funk! You have to know funk.
A touch of blue at the base of the spine;
long threads going into your heart;
a steaming fountain you pour into your own bowl.

My dead sister's eyes!
Those of her porcelain twin at the Lambertville Flea,
Twenty dollars a day for the small table,
all the *merde* you need to get you across the river.

And one kind of blue for a robin's egg;
and one kind of blue for a bottle of ink.
Two minds to fathom the difference.

Your earrings which as far as I can see
are there as much to play with as to look at.
Your blue pencil
which makes your eyes Egyptian. Blue bells, bluebirds,

from Austin, Texas, the dead hackster
who drank potassium, Governor Bush

Último azul

Quieres conseguir el color azul,
solo bebe un poco de leche azul de una taza azul;
espera la luz azul de la mañana
o de la tarde con su azul secuela.

Quieres entender,
mira las líneas de estacionamiento fuera de mi ventana,
la luna de neón fuera del Jabberwocky.

¡Y el funk! Tienes que saber de funk.
Un toque de azul en la base de la columna vertebral;
largos hilos que vayan hacia tu corazón;
una fuente de vapor que viertes sobre tu propio tazón.

¡Los ojos de mi hermana muerta!
Los de su gemela en porcelana en el mercado de Lambertville,
veinte dólares al día por la mesa pequeña,
toda la *merde* que necesitas para ayudarte a cruzar el río.

Y un tono de azul para un huevo de petirrojo;
y un tono de azul para una botella de tinta.
Dos mentes para apreciar la diferencia.

Tus pendientes que por lo que veo
están ahí tanto para jugar como para que se vean.
Tu lápiz azul
que convierte en egipcios tus ojos. Campanillas azules, azulejos,

de Austin, Texas, el matón muerto
que bebía potasio, el gobernador Bush

who drank milk of magnesia; a chorus of saints
from Wylie Avenue and one kind of blue

for my first prayer shawl and one kind of blue for the robe
Fra Lippo gave to Mary. Blue from Mexico
and blue from Greece, that's where the difference lay
between them, in the blues; a roomful of scholars,

in Montreal one year, in New York another,
that is blue, blue was their speech, blue
were their male and female neckties, their food was blue,
their cars were rented, Christmas lights

were in the lobby, one of the bars had peanuts
in all the urns and on the upper floors
the hospitality rooms were crowded with livid
sapphire cobalt faces—I was blue

going into the tunnel, I am blue every night
at three or four o'clock; our herring was blue,
we ate it with Russian rye and boiled potatoes,
and in the summer fresh tomatoes, and coffee

mixed with sugar and milk; I sat in a chair
so close to Sonny Terry I could hear
him mumble, the criticism he made
of his own sorrow, but I was that close to Pablo

Casals in 1950, talk about blue, and
though I left it a thousand times I stood—
since I didn't have a seat—in front of an open
window of Beth Israel in Philadelphia

que bebía leche de magnesia; un coro de santos
de la avenida Wylie y un tono de azul

para mi primer manto de oración y un tono de azul para la túnica
que Fra Lippo dio a María. El azul de México
y el azul de Grecia, ahí reside la diferencia
entre ambos, en los azules; un aula llena de eruditos,

en Montreal un año, otro en Nueva York,
eso es azul, azul era su discurso, azules
sus corbatas masculinas y femeninas, su comida era azul,
sus coches eran alquilados, había luces navideñas

en el vestíbulo, uno de los bares tenía cacahuetes
en todas las urnas y en las plantas superiores
las salas de reuniones estaban atestadas de rostros
lívidos color zafiro cobalto; yo me volví azul

al entrar en el túnel, soy azul cada noche
a las tres o cuatro en punto; nuestro arenque era azul,
lo comimos con pan de centeno ruso y patatas cocidas,
y en verano tomates frescos, y café

mezclado con azúcar y leche; me senté en una silla
tan cerca de Sonny Terry que podía escucharle
murmurar entre dientes, la censura que ejercía
sobre su propio dolor, pero estuve así de cerca de Pablo

Casals en 1950, hablando de azul, y
aunque salí afuera miles de veces estuve
–pues no tenía asiento– frente a una ventana
abierta del Beth Israel en Filadelfia

to hear the sobbing, such a voice, a dog
came up to me that night out of the blue
and put his muzzle in my hand nor would he
leave me for a minute, he would have stayed

with me forever and followed me up to my house
which butted onto the woods in back of the synagogue
and sat outside my door; or blue on the street
outside a Parlour near the Port Authority—

my seed inside—or blue in Ocean Grove
where sky and sea combined and walking the boardwalk
into the wind and blue in a shrink's small parking lot
watching the clock and blue in my mother's arms

always comforting her and blue with my daughter
starving herself and blue with my wife all day
playing solitaire or drawing houses and blue,
though smiling, when I came into the world, they called me

Jess Willard, thirteen pounds, and I had just hammered
Jack Dempsey into the ropes and I was shouting—
in a tinny voice—it sounded like someone weeping—
it always sounded like that—everything living.

para oír el llanto, qué voz, un perro
se acercó a mí de la nada aquella noche
y puso su boca en mi mano y no me
dejó ni un minuto solo, se hubiera quedado

a mi lado siempre y me siguió hasta mi casa
que daba al bosque tras la sinagoga
y se sentó frente a la puerta; o triste en la calle
frente al vestíbulo cerca de Port Authority

–mi semilla en su interior– o el azul en Ocean Grove
donde cielo y mar se fundían y caminar por el paseo marítimo
contra el viento y el azul en el pequeño aparcamiento de un loquero
mirando el reloj y el azul en los brazos de mi madre

que siempre la reconforta y el azul con mi hija
privándose de comer y el azul con mi esposa todo el día
jugando al solitario o dibujando casas y el azul,
aunque sonriendo, cuando llegué al mundo, me llamaron

Jess Willard, casi seis kilos, y acababa de machacar
a Jack Dempsey contra las cuerdas y estaba gritando
–con una voz diminuta–, sonaba como alguien llorando
–siempre sonaba así–, como todo lo que vive.

Street of the Butchers

It was called the early years in upstate Pennsylvania
or it was called the first long trek with a footlocker
up over his shoulder so he had to bend both knees
at almost every landing. He held his head
sideways, as if for listening, it was called killing
worms, the bells has already started, the second
or third, he thought; by his calculations, the ringing
would stop by the number seven. He thought maybe
almost two seconds for each long ring; he counted
himself among the chosen ones to be in the
bell's range. He knew he would lie down on his back
after he tried the faucets and opened the windows,
and go to sleep with the sound. It was called
the first concert, the bird in the iron mouth.

Calle de los carniceros

Lo llamó la edad temprana al norte del estado de Pensilvania
o lo llamó la primera caminata larga con un baúl
sobre los hombros, por lo que tenía que doblar ambas rodillas
en casi cada descansillo. Ponía su cabeza
de lado, como si estuviera escuchando, lo llamó matar
gusanos, el repicar ya ha comenzado, el segundo
o tercero, pensó; según sus cálculos, el repicar
se detendría al llegar al número siete. Pensó que tal vez
casi dos segundos por cada repique largo; se contaba
a sí mismo entre los elegidos por estar
al alcance del repiqueteo. Sabía que se acostaría bocarriba
después de probar los grifos y abrir las ventanas,
y se quedaría dormido con el sonido. Lo llamó
el primer concierto, el pájaro de la boca de hierro.

Paris

As I recall the meal I ate was liver
with mashed potatoes, and out of simple courtesy
I kept what I could in my briefcase or half hidden
under the table; I think an Underwood brought me
two months free living and the Polish architect
I sold it to whose teeth the Germans had smashed
at Auschwitz it gave him seven months at least,
depending on other forces. The whole thing
lasted maybe a year for by my reckoning
when I was ready to leave the stores were already
full of new things and they were cleaning the bridges
and polishing the squares. My own time
was somewhere between the Ordeal and the Recovery,
but there was food enough. The one thing
I remember about him we had the same
name in Hebrew though I don't know what he was called
in Polish—I hope not Gerald—we always walked
after lunch and stopped for coffee. By my
reckoning he was in his forties. I went
to Italy on that money, it was my first
grant, a little hopeless by later standards,
but that only made it easier to practice
deprivation—in one or two years—ketchup
with beans, seven pounds of lamb for a dollar,
bread eight cents a loaf. It was
more loyal that way, I was so stubborn I did it
ten years too long, maybe twenty, it was
my only belief, what I went there for.

París

Si mal no recuerdo el plato que comí fue hígado
con puré de patatas, y por simple cortesía
guardé lo que pude en mi maletín o medio oculto
bajo la mesa; creo que una máquina de escribir Underwood me
                                                             [procuró
dos meses de desahogo y al arquitecto polaco
al que se la vendí, y cuyos dientes habían destrozado
en Auschwitz, le concedió al menos siete meses,
con ayuda de otras cosas. Todo el asunto
duró quizás un año, pues pensándolo bien
cuando estaba listo para irme las tiendas ya estaban
llenas de cosas nuevas y estaban limpiando los puentes
y dando lustre a las plazas. Mi propio tiempo
tuvo lugar entre la Gran Depresión y la Recuperación,
pero había comida de sobra. Lo único
que recuerdo de él es que teníamos el mismo
nombre en hebreo aunque no sé cómo lo llamaban a él
en polaco —espero que no Gerald— y que solíamos pasear
después del almuerzo y parar para tomar un café. Según mis
cálculos él andaría por los cuarenta. Me fui
a Italia con ese dinero, fue mi primera
beca, algo escasa con respecto a criterios posteriores,
pero eso solo favorecía la práctica
de la austeridad; durante uno o dos años: ketchup
con alubias, tres kilos de cordero por un dólar,
pan de ocho centavos la barra. Era
más auténtico así, yo era tan terco que lo seguí haciendo
durante diez años, quizás veinte, pero era
mi única creencia, era por lo que había ido allí.

Kingdom

As far as the color red
there was a splash in the southeast corner where
the tree I adored was dying.

And as for blue
it lay between the door and the first dogwood
sprawled and sucked and wilted.

And there was a definite tilt to the new apartment house
with pots of iris on the roof
and there was an indentation where a false
Italian had laid the bricks, the line was crooked
and once he got started nothing could stop him, seventy
bricks an hour, seven hundred a day.

As for daisies, I compare them to dogs
because of the commonality, I almost
want to say the loving community
as in the parks of downtown Philadelphia,
Mario Lanza for one, Judy Garland another.

And as for the watering can,
and as for the ginkgo with its transitional leaf,
and as for the snapdragons, oh
I will sit and wait for that and I will
bend to pick them one by one, the red,
the orange, the mixed; and as for the railroad bridge
how long it will last,
and as for the rope hanging down from a girder, the weighted
ball a foot above the water, the life

Reino

Respecto al color rojo,
había una mancha en la esquina sureste donde
el árbol que yo adoraba se estaba muriendo.

Y en cuanto al azul,
se extendía entre la puerta y el primer cornejo
tumbado y chupado y marchito.

Y había sin duda inclinación en el nuevo bloque de apartamentos
con macetas de iris en el tejado
y había una abolladura donde un falso
italiano había puesto ladrillos, la línea estaba torcida
y una vez que hubo empezado nada pudo detenerlo, setenta
ladrillos por hora, setecientos al día.

En cuanto a las margaritas, las comparo con los perros
por su abundancia, casi
podría decir su amorosa comunidad
como ocurre en los parques del centro de Filadelfia,
Mario Lanza a un lado, Judy Garland al otro.

Y en cuanto a la regadera,
y en cuanto al ginkgo con su hoja de transición,
y en cuanto a las bocas de dragón, ¡oh!,
me sentaré a esperar y me agacharé
para cogerlas una a una, las rojas,
las naranjas, las mixtas; y en cuanto al puente ferroviario
el tiempo que dure,
y en cuanto a la cuerda que cuelga de la viga, la bola
ponderada a treinta centímetros sobre el agua, la vida

in the river almost clearer with its simple
obscurities and new arrangements, the bushes
where they belong, inside the girders, a stray
Canada goose to swim above the cloud-stream;
and as for the bike path, how we passed each other
hugging the wall and riding on the edge,
and where we ended, either the road in front of
the billboard or the steep steps cut at an angle
below the greasy fireplace, there was—
as far as I can tell—a breaking point
and one path down and one path up,
for it was a kind of park
with grass and chains and benches
and little walkways
and fish inside a window
swimming from river to river
and I began to shiver
over my *New York Times*.
As for our touching foreheads,
and as for dancing with you and knocking books
and candlesticks on the floor,
and then our talk on Jesus, as for whether
he had a sister and whether he limped and whether he
disappeared, see Luke, and more and more
dancing, as for that; and as for the kingdom
and what it meant in my life, how it was
sometimes like a cloud, how I used to stand
on the sidewalk and put my hand on the wall, I had
such pleasure I never wanted to move, the world
around me stopped, I think, and how I later
made my own kingdom, but I was fourteen or fifteen,
and how it wasn't what Auden thought, mere drabbles of
Sunday school Isaiah and magazine Marx but

en el río casi más clara con sus simples
oscuridades y sus nuevos adornos, los arbustos
donde deben estar, en las vigas, un desorientado
ganso de Canadá que nade sobre la corriente de nubes;
y en cuanto al sendero para bicicletas, según nos cruzáramos
pegándonos al muro y echándonos a un lado,
y según dónde termináramos, ya fuera en la carretera frente
al anuncio o en los empinados escalones cortados en ángulo
bajo la grasienta chimenea, había
–según recuerdo– un punto crítico
y un camino hacia abajo y un camino hacia arriba,
porque era una especie de parque
con césped y cadenas y bancos
y pequeños senderos
y peces dentro de una ventana
nadando de un río a otro
y yo empecé a temblar
sobre mi *New York Times*.
En cuanto al roce de nuestras frentes,
y en cuanto a bailar contigo y golpear libros
y candelabros contra el suelo,
y luego nuestra charla sobre Jesucristo, en cuanto a si tuvo
una hermana o si cojeaba o si
desapareció, ver Lucas, y más y más
baile, en cuanto a eso; y en cuanto al reino
y lo que significó en mi vida, cómo fue
a veces como una nube, cómo solía pararme
en la acera y poner mi mano en la pared, me gustaba tanto
que no quería moverme más, el mundo
se detenía a mi alrededor, creo, y cómo más tarde
construí mi propio reino, aunque ya tenía catorce o quince años,
y cómo no era lo que Auden pensaba, puros cuentos
de Escuela Dominical Isaías y revista Marx sino

something sweeter than that and not just bony
justice and stringy wealth, say something out of the
letters we had in the thirties, W.P.A.,
with a vengeance, nor was it kingdom come,
dying will be done, and though it would always
be later and later I loved it just as it was,
and I could smell it, it was hidden in the coal
and in the snow and in the noise the streetcars
made rounding the bend and picking up speed, I loved
walking all morning in the snow, I climbed
up icy steps thinking of how could beasts
lie down together and could the corruptible
just vanish like that, for it was a difficult climb,

and as for us, nothing was broken, only
a wine glass maybe, or an earring was lost—

and as for that, I would have broken a dish
or thrown my favorite teapot on the floor
or smashed the red and white rooster with the candy corn
feet and caramelized comb, although I would have
caressed him first since he guarded my house
and sang in an amorous voice, as far as that.

algo más dulce que eso y no solo ósea
justicia y fibrosa riqueza, digamos algo entresacado de las
cartas que teníamos en los años treinta, el W. P. A.,
a modo de venganza, ni era el venga a nosotros tu reino,
hágase la voluntad de la muerte, y aunque siempre tendría lugar
cada vez más tarde, yo lo amaba tal cual era,
y podía olerlo, estaba oculto en el carbón
y en la nieve y en el ruido que los tranvías
hacían al rodear la curva y coger velocidad, yo amaba
caminar toda la mañana por la nieve, subía
los escalones helados pensando en cómo podían las bestias
echarse juntas y en si podía lo corruptible
desaparecer así como así, pues era un ascenso difícil,

y en cuanto a nosotros, nada se rompió, solo
una copa de vino tal vez, o un pendiente que se perdió;

y en cuanto a eso, hubiera roto un plato
o tirado mi tetera favorita al suelo
o estrellado el gallo rojo y blanco con las patas
rayadas y la cresta caramelizada, aunque lo hubiera
acariciado primero porque vigilaba la casa
y cantaba con voz amorosa, por lo que a eso respecta.

Lavender

        for Karl Stirner

Just for experiment I am burning the lavender
and scenting the air for if I only crumble it
the smell, though overwhelming, will not go
beyond a foot or two and for that matter the
stalks will hardly give off an odor whereas the
flames make everything blatant even as they
wipe out the other odors, in this case mint and
curled petunias under your French window where
I walk back and forth crying from the smoke
and moaning for the sachet I never had
and the box full of silk, I was such an enemy.

Lavanda

A Karl Stirner

Solo por experimentar estoy quemando la lavanda
y olfateando el aire porque si solo la desmenuzara
el aroma, aunque embriagador, no llegaría
más allá de treinta o cuarenta centímetros y es más los
tallos apenas soltarían olor mientras que las
llamas hacen que todo aflore aun cuando
acaban con los demás aromas, en este caso a menta y
a las petunias arqueadas bajo tu ventanal francés donde
yo voy de un lado a otro llorando por culpa del humo
y gimiendo por la bolsita de aroma que nunca tuve
y por la caja llena de seda, por ser yo tan enemigo.

Drowning on the Pamet River

Because of the pull I ended up swimming in the grasses
a hundred yards from nowhere my beloveds
ready to jump in after me a black willow
rushing in to save me—my kind of dolphin—you
think I struggled a yard at a time but I was
nudged a little that's why my lips were red
instead of blue that's why I had the words
to "The Dipsey Doodle" still on my tongue and I was
waltzing under your huge white towel your bathrobe
over my head hot tea already burning
my throat that's why I loved the two Labradors
so much that's why I kissed you so desperately.

Ahogarse en el río Pamet

Porque me arrojó la corriente acabé nadando en los pastos
a cien metros de ninguna parte mis amados
listos para saltar detrás de mí un negro sauce
precipitándose para salvarme –mi delfín ideal– tal vez creas
que me debatí metro a metros pero me dieron
un pequeño codazo y es por eso por lo que mis labios estaban rojos
en vez de azules y es por eso por lo que tenía la letra
de «The Dipsey Doodle» todavía en la lengua y estuve
bailando bajo tu enorme toalla blanca tu albornoz
sobre mi cabeza el té caliente quemándome
en la garganta es por eso por lo que amé a los dos labradores
tanto es por eso por lo que te besé con tanta desesperación.

March 27

The hat he bought in 1949 for
fifty cents, he knew it for sure, the scarf
in 1950, for fourteen cents, he planted
his beans three inches apart, two inches deep,
and put a worm in every two holes for he was
giving back and for this purpose he carried
a twenty-ounce can without a label though it had
probably housed asparagus tips or even
French-cut beans itself, and that should be coming
full cycle, and he would get on his knees for that and
let the water take him where it had to, he
was where he wanted to be, his shirt cost a quarter,
his pants cost eighty cents, but that was before
the legs were covered with mud; the can was rusty
and both of his hands were red, he was on a hill
down from the cheap mulberry, the birch
was in a corner by itself, his shoulder
was getting tender but he had fifty more worms
to go—or a hundred—he used a stick and he would
stay there at least an hour—swelling or no swelling—
and he would finish his scraping, God or no God.

27 de marzo

El sombrero que compró en 1949 por
cincuenta centavos, lo sabía a ciencia cierta, la bufanda
en 1950, por catorce centavos, plantó
sus judías a siete centímetros de distancia, a cinco de profundidad,
y puso un gusano cada dos agujeros porque era una
restitución y para su propósito llevó
una lata de medio kilo sin etiquetar, aunque había
contenido probablemente puntas de espárrago o incluso
judías verdes, y lo que supondría volver
al punto de partida, y para eso se arrodilló y
dejó que el agua lo llevara adonde tuviera que llevarlo,
estaba donde quería estar, la camisa costó un cuarto de dólar,
los pantalones costaron ochenta centavos, pero eso fue antes de que
las perneras se cubrieran de barro; la lata estaba oxidada
y sus dos manos estaban rojas, estaba en una colina
debajo de la humilde morera, el abedul
estaba en un rincón a solas, su hombro
empezó a dolerle, pero aún tenía cincuenta gusanos más
antes de acabar –o cien–; agarró un palo y se dispuso a seguir
allí al menos una hora –con hinchazón o sin ella–
y se dispuso a terminar de raspar, con Dios o sin Dios.

First Gardenia

We were always lacking one string, weren't we,
and we carried the cello from place to place laughing
and crying alternately, though it did well
for what we needed, didn't it then, it sounded
like a viola and everyone had one joke to
tell, an Italian without a moustache, a Jew
without a watch, a Christian without a Bible,
and like the missing rib we surrounded it
with mythology and put it in a glass case
once we had the money to buy a museum. I

personally raged for fifty adult years
and, as my mother used to say, my blood boiled
whenever I thought of it. I was the one who
got arrested, but more than that, I was
the one who needed steam to breathe in. I had
a suffering eye, which made me wince, and an ear
which made me rant sometimes and knock the potato
chips down with all their dirty oils. Good thing
my roses were so huge and rotten, they almost
hung like balls, as I remember, more like
peonies, which someone I knew just loved
and petal by petal she dropped as if she were losing
her first gardenia. Good thing I learned to mourn.

Primera gardenia

Siempre nos faltaba una cuerda, ¿verdad?,
y cargábamos el chelo de un sitio a otro, unas veces riendo
y otras llorando aunque este cubrió con creces
nuestras necesidades, vaya si lo hizo, sonaba
como una viola y todos tenían un chiste que
contar, un italiano sin bigote, un judío
sin reloj, un cristiano sin Biblia,
y al igual que la costilla de menos lo rodeamos
de mitología y lo pusimos en una vitrina
cuando tuvimos dinero para comprar un museo.

Personalmente anduve furioso cincuenta años de vida adulta
y, como solía decir mi madre, me hervía la sangre
cada vez que pensaba en ello. Fue a mí a quien
detuvieron, pero más aún, fui yo
quien necesitó vapor para respirar. Tuve un
ojo lastimado que me hacía torcer el gesto y una oreja
que me hacía despotricar a veces y tirar las patatas
fritas al suelo con su aceite sucio y todo. Lo bueno era
que mis rosas eran tan grandes y podridas que casi colgaban
como pelotas, según recuerdo, más como
peonías, que alguien conocido amó
y dejó caer pétalo a pétalo como si ella estuviera perdiendo
su primera gardenia. Menos mal que aprendí a llorar.

X. American Sonnets
(2002)

X. Sonetos norteamericanos
(2002)

Roses

There was a rose called Guy de Maupassant,
a carmine pink that smelled like a Granny Smith
and there was another from the seventeenth century
that wept too much and wilted when you looked;
and one that caused tuberculosis, doctors
dug them up, they wore white masks and posted
warnings in the windows. One wet day
it started to hail and pellets the size of snowballs
fell on the roses. It's hard for me to look at
a Duchess of Windsor, it was worn by Franco
and Mussolini, it stabbed Jews; yesterday I bought
six roses from a Haitian on Lower Broadway;
he wrapped them in blue tissue paper, it was
starting to snow and both of us had on the wrong shoes,
though it was wind, he said, not snow that ruined
roses and all you had to do was hold them
against your chest. He had a ring on his pinky
the size of a grape and half his teeth were gone.
So I loved him and spoke to him in false Creole
for which he hugged me and enveloped me
in his camel hair coat with most of the buttons missing,
and we were brothers for life, we swore it in French.

Rosas

Había una rosa llamada Guy de Maupassant,
una damascena que olía a manzanas Granny Smith
y había otra del siglo XVII
que lloraba demasiado y se marchitaba cuando la mirabas;
y una que causaba tuberculosis, los médicos
las desenterraban, llevaban mascarillas blancas y colgaban
avisos de las ventanas. Un día de lluvia
empezó a granizar y pelotitas del tamaño de bolas de nieve
cayeron sobre las rosas. Me cuesta mirar
una duquesa de Windsor, la llevaron Franco
y Mussolini, apuñalaba a los judíos; ayer compré
seis rosas de un haitiano del Bajo Broadway;
él las envolvió en papel de seda azul, estaba
empezando a nevar y ambos llevábamos el calzado equivocado,
aunque era el viento, dijo, no la nieve el que estropea
las rosas y todo lo que uno tenía que hacer era sostenerlas
contra el pecho. Tenía un anillo en el dedo meñique
del tamaño de una uva y le faltaban la mitad de los dientes.
Así que le quise y le hablé en falso criollo
por lo cual él me abrazó y me envolvió
en su abrigo de piel de camello al que le faltaban la mayoría de los
                                                                            [botones,
y fuimos hermanos de por vida, lo juramos en francés.

Box of Cigars

I tried one or two but they were stale
and broke like sticks or crumbled when I rolled them
and lighting a match was useless nor could I
put them back in the refrigerator—
it was too late for that—even licking them
filled my mouth with ground-up outer leaf,
product of Lancaster or eastern Virginia,
so schooled I am with cigars, it comes in the blood,
and I threw handfuls of them into the street
from three floors up and, to my horror, sitting
on my stoop were four or five street people
who ran to catch them as if they were suddenly rich,
and I apologize for that, no one should
be degraded that way, my hands were crazy,
and I ran down to explain but they were smoking
already nor did I have anything to give them
since we were living on beans ourselves, I sat
and smoked too, and once in a while we looked
up at the open window, and one of us spit
into his empty can. We were visionaries.

Caja de puros

Probé uno o dos pero estaban rancios
y se partían como ramas o se deshacían cuando los enrollaba
y encender un fósforo era inútil y no podía
volver a ponerlos en el frigorífico
–ya era muy tarde para eso– e incluso lamerlos
me llenaba la boca de capillo molido,
producto de Lancaster o Virginia Oriental,
todo un entendido soy yo en puros, se lleva en la sangre,
y arrojé puñados de ellos a la calle
desde un tercer piso y, para mi horror, sentados
en los escalones de entrada había cuatro o cinco mendigos
que corrieron a cogerlos como si de pronto fueran ricos,
y pido perdón por ello, nadie debería
degradarse así, mis manos se volvieron locas,
y corrí abajo a explicarme pero ya estaban fumando
y yo no tenía nada que darles
ya que nosotros también vivíamos a base de alubias, me senté
y fumé con ellos, y de vez en cuando mirábamos
hacia arriba a la ventana abierta, y uno de nosotros escupió
dentro de su lata vacía. Éramos visionarios.

Sam and Morris

I had two uncles who were proletarians
and one of them was a house painter and one of them
was a carpenter—they beat their wives
regularly and they had nineteen children
between them. Once a month or so my father
would go to one of their houses to intervene
and once I remember a police car with a dog.
When I was home on a short furlough I went
with my mother and father to a Jewish restaurant
and there, sitting in the back, were my two uncles,
in their seventies by then, and eating together,
chicken, chopped liver, God knows what, but pickles
and coleslaw, there always were pickles and coleslaw
and they were almost conspiring, it seemed to me
then, so young I was, and I was reading my
Ezra Pound already and I was ashamed of
what he said about Jews. Of usury those
two unshaven *yidden*, one of them red-eyed
already from whiskey, they knew nothing, they never
heard of Rothschild. Their hands were huge and stiff,
they hardly could eat their *kreplach*, Pound, you bastard!

Sam y Morris

Tuve dos tíos que eran proletarios
y uno de ellos era pintor de brocha gorda y uno de ellos
era carpintero; golpeaban a sus esposas
con frecuencia y tuvieron diecinueve hijos
entre los dos. Una vez al mes o así mi padre
iba a una de sus casas para mediar
y un día, recuerdo, un coche de policía con un perro.
Cuando estaba en casa con un breve permiso fui
con mi madre y mi padre a un restaurante judío
y allí, sentados al fondo, estaban mis dos tíos,
tenían setenta años por entonces, y comían juntos
pollo, hígado picado, Dios sabe qué, además de pepinillos
y ensalada de col, siempre había pepinillos y ensalada de col
y parecían conspirar, o eso me parecía
entonces, tan joven como era, y ya leía a
Ezra Pound y me avergonzaba de lo que
este decía de los judíos. Sobre la usura aquellos
dos *yidden* sin afeitar, uno de ellos con los ojos rojos
por culpa del whisky, no sabían nada, nunca habían
oído hablar de Rothschild. Sus manos enormes y agarrotadas,
apenas podían comer su *kreplach*, Pound, ¡hijo de puta!

Winter Thirst

I grew up with bituminous in my mouth
and sulphur smelling like rotten eggs and I
first started to cough because my lungs were like cardboard;
and what we called snow was gray with black flecks
that were like glue when it came to snowballs and made
them hard and crusty, though we still ate the snow
anyhow, and as for filth, well, start with
smoke, I carried it with me I know everywhere
and someone sitting beside me in New York or Paris
would know where I came from, we would go in for dinner—
red meat loaf or brown *choucroute*—and he would
guess my hill, and we would talk about soot
and what a dirty neck was like and how
the white collar made a fine line;
and I told him how we pulled heavy wagons
and loaded boxcars every day from five
to one a. m. and how good it was walking
empty-handed to the no. 69 streetcar
and how I dreamed of my bath and how the water
was black and soapy then and what the void
was like and how a candle instructed me.

Sed de invierno

Crecí con bituminoso en la boca
y con azufre que olía a huevos podridos y yo
empecé a toser porque mis pulmones eran como cartón;
y lo que llamábamos nieve era gris con manchas negras
que eran como pegamento al hacer bolas de nieve y las
hacía duras y crujientes, aunque aún nos comíamos la nieve
igual, y en cuanto a la mugre, bueno, para empezar
el humo, lo llevaba conmigo, lo sé, a todas partes
y alguien sentado junto a mí en Nueva York o París
podía saber de dónde venía, salíamos a cenar
–pastel de carne roja o *choucroute* marrón– y él podía
adivinar mi colina, y podíamos hablar de hollín
y de cómo era un cuello sucio y de cómo
el cuello de camisa blanca hacía una línea muy fina;
y yo le contaba cómo tirábamos de pesados carros
y de vagones repletos cada día de cinco
a una de la mañana y lo bueno que era caminar
con las manos vacías al tranvía 69
y cómo soñaba con mi baño y cómo el agua
era negra y jabonosa entonces y cómo era
el vacío y cómo una vela me instruía.

American Heaven

A salt water pond in the Hamptons near David
Ignatow's house, the water up to my chest,
an American Heaven, a dog on the shore, this time
his mouth closed, his body alert, his ears
up, a dog *belongs* in heaven, at least our
kind. An egret skidding to a stop, I'm sure
water snakes and turtles, grasses and weeds,
and close to the water sycamores and locusts,
and pitch pine on the hill and sand in the distance,
and girls could suckle their babies standing in water,
so that was our place of origin, that was
the theory in 1982—David
had his own larder, Rose had hers, he brought
tuna fish into her kitchen, it was a triptych,
the centerpiece was the pond, the left panel
was his, his study, and he was stepping naked
across the frame into the pond holding an
open can and hers was the right, her arms had
entered the pond, holding a bowl, it was her
studio, we ate on a dry stone
and talked about James Wright and Stanley Kunitz,
and there was a star of the fourth magnitude
surrounded by planets, shining on all of us.

Cielo americano

Un estanque de agua salada en los Hamptons cerca de la casa
de David Ignatow, el agua hasta el pecho,
un cielo americano, un perro en la orilla, esta vez
la boca cerrada, el cuerpo alerta, las orejas
en punta, el *lugar* de un perro está en el cielo, por lo menos
el nuestro. Una garceta patina hasta detenerse, estoy seguro,
serpientes y tortugas de agua, pastos y maleza
y cerca del agua sicomoros y acacias
y pino bronco en la colina y arena en la distancia,
incluso las niñas podrían amamantar a sus bebés dentro del agua,
así que ese era nuestro lugar de origen, esa era
la teoría en 1982; David
tenía su propia despensa, Rose tenía la suya, él llevó
el atún a su cocina, era un tríptico,
la pieza central era el estanque, suyo era el panel
de la izquierda, su estudio, y caminaba desnudo
por el marco hacia el estanque sosteniendo una
lata abierta, y el de ella era el de la derecha, sus brazos habían
entrado en el estanque, sostenían un cuenco, era su
estudio, comimos sobre una piedra seca
y hablamos de James Wright y de Stanley Kunitz,
y había una estrella de la cuarta magnitud
rodeada de planetas, que brillaba sobre todos nosotros.

XI. EVERYTHING IS BURNING
(2005)

XI. Todo arde
(2005)

Thought

After he left I turned to my cold soup
for I was starving after so much talk,
and as a precaution I pulled the blind down and took
the phone off the hook, and I was using the spoon
that had to belong to an earl once, a pink
pig he had to be, for there was a spot of
pink in the heraldry, and it was three days
old and the meat was too fat but I can't start
doing that now; and as for music I turned
to one of the B's, and as for Thought—and you know
what I mean by Thought—oh prune, oh apple
with the flesh exposed too long, I turned to the beaver
who, by the chewing, given the way he chews,
and by the sapling he abandoned there in
the low-lying bush above my water I knew
he had to leave and his thinking was interrupted,
although he changed my river and brought the birds
out in his wake, and with his wooden chips,
one of which I carry to prophesize,
he made a dry path for his murderers.

Idea

Cuando se fue volví a mi sopa fría
porque estaba muerto de hambre después de tanta charla,
y como medida de precaución bajé la persiana y descolgué
el teléfono, y estaba usando la cuchara
que una vez debió de pertenecer a un conde, un cerdo
rosado tuvo que ser, porque había una mancha
rosa en el blasón, y era de hace tres
días y la carne era demasiado grasa, pero no puedo empezar
a hacer esto ahora; y en cuanto a la música volví
a uno de los B, y en cuanto a la Idea –y ya sabes
lo que quiero decir con la Idea–, oh ciruela pasa, oh manzana
con la pulpa al descubierto demasiado tiempo, volví al castor
que, por su masticación, teniendo en cuenta cómo mastica,
y por el renuevo que abandonó ahí en
el pequeño arbusto sobre mi agua, supe
que tuvo que irse y se interrumpió su ideario,
aunque él cambió mi río y trajo a los pájaros
tras su estela, y con sus astillas de madera,
una de las cuales llevo conmigo para profetizar,
dejó un camino seco para sus asesinos.

The Gulls

The other side of the reservoir uphill
from the tennis court he had to take two streetcars
to get there he was running again and they were
screaming only because there was no food though
you'd think they'd go to the river Allegheny,
leftover rotten fish and floating pork—
look, a gull, look, look, a man running
uphill, downhill, he catches his breath that way
he is a fool, he imitates the gulls by
lifting his arms and floating, the other place
he runs is on an abandoned race track called
the Oval, no gulls there, a pack of dogs
getting closer, the moon as he recalls
in one end of the Oval, the sun in the other,
since that is the way they shared the sky, dogs
were distant and vicious then, everything was hungry.

Las gaviotas

El otro lado del depósito, cuesta arriba
desde la cancha de tenis él tenía que tomar dos tranvías
para llegar allí y estaba corriendo de nuevo y ellos
estaban gritando solo porque no había comida aunque
podrías pensar que irían al río Allegheny,
restos de pescado podrido y grasa flotante;
mira, una gaviota, mira, mira, un hombre corriendo
cuesta arriba, cuesta abajo, coge aire de tal forma
que parece tonto, imita a las gaviotas cuando
levanta los brazos y flota, el otro lugar
donde corre es una pista de carreras abandonada llamada
el Oval, allí no hay gaviotas, una jauría de perros
cada vez más cerca, la luna según recuerda
a un extremo del Oval, al otro el sol,
porque así es como se repartieron el cielo, los perros
eran lejanos y crueles, todo estaba hambriento.

Sylvia

Across a space peopled with stars I am
laughing while my sides ache for existence
it turns out is profound though the profound
because of time it turns out is an illusion
and all of this is infinitely improbable
given the space, for which I gratefully lie
in three feet of snow making a shallow grave
I would have called an angel otherwise and
think of my own rapturous escape from
living only as dust and dirt, little sister.

Sylvia

A través de un espacio poblado de estrellas me
río mientras mis costados añoran una existencia
que resulta ser profunda aunque lo profundo
por culpa del tiempo resulta una ilusión
y todo esto es harto improbable
dado el espacio, por lo cual me acuesto agradecido
en un metro de nieve que forma un sepulcro poco profundo
de otra forma ya hubiera llamado a un ángel
para reflexionar sobre mi propia fuga entusiasta de
la vida solo como polvo y tierra, hermanita.

My Sister's Funeral

Since there was no mother for the peach tree we did it
all alone, which made the two of us closer
though closeness brought its loneliness, and it would
have been better I think sometimes to be sterile
from the start just to avoid the pain
which in my life this far has lasted seventy
years for I am in love with a skeleton
on whose small bones a dress hung for a while,
on whose small skull a bit of curly hair
was strung, and what is dust I still don't know
since there was no mother to turn to then and ask
what else was she wearing, did she have on shoes,
and were the two trees from Georgia, and was it
true somebody said the other peach
should have died instead of her; and I could
imagine the nose going first though forty years later
the trees were still there and not as big as you'd think;
and it was my cousin Red with the flabby lips
who said it, he had red eyes, a red monstrosity,
a flabby body, half the house was filled with
male cousins, they were born in rooms a
short distance from the rats, I can't remember
which ones had the accents nor what his
Hebrew name was, nor his English.

El funeral de mi hermana

Ya que no había madre para el melocotonero lo hicimos
todo nosotros, lo que nos hizo más cercanos,
aunque esa cercanía trajo la soledad consigo, y a veces pienso
que hubiera sido mejor ser estéril
desde el principio solo para evitar el dolor
que en mi vida hasta ahora ha durado setenta
años porque estoy enamorado de un esqueleto
sobre cuyos frágiles huesos colgó un vestido durante un tiempo,
sobre cuya frágil calavera algo de pelo rizado
se enristró, y qué es el polvo aún no lo sé
porque no había madre a quien dirigirse y preguntarle
qué más llevaba ella puesto, si llevaba zapatos,
y si los dos árboles eran de Georgia, y si es
cierto que alguien dijo que el otro melocotonero
debería haber muerto en lugar de ella; y yo podía
imaginar la nariz yendo primero aunque cuarenta años después
los árboles seguían allí y no tan grandes como uno podría pensar;
y fue mi primo Red de labios fofos
el que lo dijo, tenía los ojos rojos, una roja atrocidad,
un cuerpo fofo, la mitad de la casa se llenó de
primos varones, que habían nacido en habitaciones
a escasos metros de las ratas, no logro recordar
cuáles eran los que tenían acento ni cuál
era su nombre en hebreo, o en inglés.

Shouldering

We were surrounded by buttercup and phlox
so you know what the month was, one of us had
Sarah Vaughan in her inner ear, one of us
Monk, who put a table there we didn't
know but we were more or less grateful nor was it
even chained to anything and the eggs we
ate were perfect, I cracked them on my head
as I always do and shattered them with my fist,
the grape tomatoes which only cost a dollar
a pint were almost acid-free, the tire
was growing softer but I was a veteran
of real tires, and bumper jacks, I even went
back to steaming radiators, I could
tell you things, I said to Monk, I walked
two miles once with a half-gallon of gas
leaking out of an orange juice carton, "In My
Solitude" he said, "September Song," said she.

En la cuneta

Estábamos rodeados de ranúnculos y flox
para que sepas qué mes era, uno de nosotros tenía
a Sarah Vaughan en su oído interno, uno de nosotros
a Monk, quién puso una mesa allí no lo
sabíamos, pero estábamos más o menos agradecidos y no estaba
encadenada a nada y los huevos
que comimos eran perfectos, los rompí en mi cabeza
como siempre hago y los despedacé con el puño,
los tomates cherry que solo cuestan un dólar
la caja casi no tenían ácido, el neumático
se iba deshinchando pero yo era todo un experto
en neumáticos de verdad, y en gatos mecánicos, incluso
volví a los radiadores humeantes, yo podría
contarte cosas, le dije a Monk, anduve
tres kilómetros una vez con dos litros de gasolina
goteando de un cartón de zumo de naranja, «In My
Solitude» dijo él, «September Song», dijo ella.

She Was a Dove

For Anne Marie

Red are her eyes, for she was a dove once,
and green was her neck and blue and gray her throat,
croon was her cry and noisy flutter her wing once
going for water, or reaching up for another note.

And yellow her bill, though white some, and red her feet
though not to match her eyes for they were more suave,
those feet, and he who bore down above her
his feathers dropped around her like chaff from wheat.

And black was her mood, consider a dove that black,
as if some avian fury had overcome her
and overtaken my own oh lackadaisical state
for she was the one I loved and I abused her.

Blue we lived in, blue was our country seat,
and wrote our letters out on battered plates
and fought injustice and once or twice French-kissed there
and took each other out on desperate dates.

And it was a question always should we soar—
like eagles you know—or should we land and stay,
the battle I fought for sixty years or more
and still go over every day.

And there was a spot of orange above the bone
that bore a wing, though I could never explain
how that was that I lived and died for
or that it blossomed in the brain.

Ella fue paloma
> Para Anne Marie

Rojos tiene los ojos, pues una vez fue paloma,
y verde era su cuello y azul y gris su garganta,
arrullo era su grito y ruidoso su aleteo
al pasar por el agua, o al intentar alcanzar otra nota.

Y amarillo su pico, aunque blanco en parte, y rojos sus pies
que no hacían juego con sus ojos porque estos eran más suaves,
aquellos pies, y de aquel que se abatió sobre ella
las plumas cayeron a su alrededor como paja del trigo.

Y negro era su humor, imagina una paloma así de negra,
como si una especie de furia aviar la hubiera poseído
y hubiese conquistado ¡oh! mi carácter apático,
porque ella era a quien yo amaba y yo abusé de ella.

Azul donde vivíamos, azul era nuestra silla de campo,
y nos escribíamos cartas en platos abollados
y luchábamos contra la injusticia y una vez o dos nos besamos con
                                                                                    [lengua
e invitábamos a salir mutuamente en citas desesperadas.

Y siempre nos preguntábamos si debíamos volar alto
—como águilas, ya sabes— o debíamos posarnos y quedarnos,
la batalla que libré durante sesenta años o más
y a la que aún vuelvo cada mañana.

Y había una mancha color naranja por encima del hueso
que sostenía un ala, aunque nunca supe explicar
cómo era aquello por lo que yo vivía y moría
o si aquello florecía en el cerebro.

The Law

The world is always burning, you should fly
from the burning if you can, and you should hold
your head oh either above or below the dust
and you should be careful in the blocks of Bowery
below or above the Broome that always is changing
from one kind of drunkenness to another
for that is the law of suffering, and you know it.

La ley

El mundo siempre está ardiendo, tú deberías huir
de la quema si puedes, y deberías mantener
la cabeza, ¡oh!, por encima o por debajo del polvo
y deberías tener cuidado en las manzanas de Bowery
por debajo o por encima de Broome que siempre está cambiando
de un tipo de embriaguez a otra,
porque esa es la ley del sufrimiento, y lo sabes.

Worms

Some fisherman, I kept them in a can, only
I was stupido infinito, and they were juicy and
cold moving in segments, I who was one of
them as well as one of him, but I won't
make the same mistake this time, you can bet
your snow drops on that, you can bet your daffodils,
your forsythia weed, your curling hyacinth
holding their stubby fingers up against the freezing sun-glare.

Lombrices

Menudo pescador, yo las guardaba en una lata, solo
que era *stupido infinito*, y ellas eran jugosas y
frías y se movían en segmentos, yo que era una de
ellas así como uno de él, pero no
voy a cometer el mismo error esta vez, puedes apostar
tus copos de nieve, puedes apostar tus narcisos,
tu mala hierba de forsitia, tus jacintos que se curvan
y alzan sus dedos regordetes contra el gélido resplandor del sol.

Stern Country

For sleeplessness, your head face down, your shoulder blades
floating and aspirin as a last resort, when
death is threatening, though lately I have experimented
with numbers and as for dreams I've never been boring
and only once did I bite the arm of a woman
sitting next to me and I should be careful,
she might have a hand-written poem or a memoir
and didn't I bite her arm and aren't we both
poets, though I warn her that I make gurgling
noises and twitch in both legs and make the bed
jump and I am exhausted from looking at poems
and I don't care about her nuts and bolts
and she has to go to the wilderness herself
and fuck the exercises, let her get smashed
by a Mack truck, then she'll be ready to mourn.

La tierra de Stern

Para el insomnio, la cabeza boca abajo, los omóplatos
flotando y la aspirina como último recurso, cuando
la muerte amenaza, aunque últimamente he experimentado
con los números y respecto a los sueños nunca he sido aburrido
y solo una vez mordí el brazo de una mujer
sentada junto a mí y debería tener cuidado,
ella podría tener un poema escrito a mano o un libro de memorias
y acaso no le mordí el brazo y acaso no somos los dos
poetas, aunque la prevengo de que emito gorjeos
y me dan tirones en ambas piernas y hago saltar
la cama y estoy cansado de mirar poemas
y no me preocupa de qué pasta está hecha ella
y tiene que irse al desierto sola
y que se jodan los ejercicios, deja que la aplaste
un camión Mack, entonces estará lista para lamentarse.

XII. Save the Last Dance (2008)

XII. Concédeme el último baile (2008)

Save the Last Dance for Me

When it comes to girls the Chihuahua
on Ninth Street going down to
Washington on the left side
below the Hong Kong Fruit,
he knows where he is going, between their
beautiful legs, his eyes
bulge a little, his heart,
because he is small, surges,
explodes too much, he is
erotic, his red tongue
is larger than a squirrel's, but
not too much, nor does he
walk on a wire with fresh
ricotta in his mouth nor
an apple they sell for a quarter,
a bit of rot on one side but
sweet underneath the skin, more
Macintosh than not, he
loves Velveeta, he knows
the price of bananas, he whines
when there is a death; there was one
drowning in a sewer,
his owner gave me five dollars
for lifting the lid with a hammer
and going down into the muck
when I was twelve, it was
my first act of mercy
and she gave me a towel
that matched the Chihuahua's towel
and ah he trembled containing

Concédeme el último baile

Cuando se trata de chicas, el Chihuahua
en la calle 9 bajando hasta
Washington en el lado izquierdo,
bajo la Hong Kong Fruit,
él sabe adónde va, entre sus
hermosas piernas, los ojos
se le salen de las órbitas, un poco, su corazón,
que al ser pequeño, se altera,
explota con demasiada frecuencia, él es
erótico, su lengua roja
es más grande que la de una ardilla, pero
no demasiado, y él no
camina sobre un alambre con queso ricota
fresco en la boca ni tampoco
con una manzana de las que venden por un cuarto de dólar,
un poco podrida de un lado aunque
dulce bajo la piel, más
Macintosh que otra cosa, él
ama el Velveeta, conoce
el precio de los plátanos, lloriquea
cuando alguien muere; había algo
ahogándose en una alcantarilla,
su dueña me dio cinco dólares
por levantar la tapa con un martillo
y bajar a meterme en la porquería
cuando tenía doce años, fue mi
primer acto de caridad
y luego me dio una toalla
que hacía juego con la toalla del Chihuahua
y, ¡ah!, cómo temblaba él al contener

such knowledge and such affection
and licked my face and forced me
to shut my eyes, it was
so much love, his whole
body was shaking and I,
I learned from him and I
learned something once from a bird
but I don't know his name
though everyone I tell it to
asks me what his name was
and it is shameful, what
was he, a dog? The Klan
was flourishing all the while
we dreamed of hydroelectric
so we were caught in between
one pole and another and
we were Hegelian or just
Manichean, we kept
the hammer on top of the manhole
so we could lift it to get
our soft balls and tennis balls
though he who weighed a pound
could easily fall into
the opening, such was our life
and such were our lives the last
few years before the war when
there were four flavors of ice cream
and four flavors only; I'll call him
Fatty; I'll call him Peter;
Jésus, I'll call him, but only
in Spanish, with the "h" sound,
as it is in Mexico;
Jésus, kiss me again,

tal reconocimiento y tal afecto
y cómo lamía mi cara y me obligaba
a cerrar los ojos, tanto
era el amor, todo su
cuerpo tiritaba y yo,
yo aprendí de él y yo
una vez aprendí una cosa de un pájaro
pero no sé su nombre
aunque todo el mundo al que se lo cuento
me pregunta cuál era su nombre
y es una vergüenza, ¿qué
era entonces, un perro? El Klan
florecía mientras nosotros
soñábamos con la hidroeléctrica,
por eso nos quedamos atrapados entre
un polo y otro y
éramos hegelianos o solo
maniqueos, sostuvimos
el martillo sobre la boca de la alcantarilla
para poder levantarla y llegar
a nuestras pelotas de softball y de tenis
aunque aquel que pesara medio kilo
podía caerse fácilmente
por la abertura, así era nuestra vida
y así fueron nuestras vidas los últimos
años antes de la guerra cuando
había cuatro sabores de helado
y solo cuatro sabores; lo llamaré
Gordito; lo llamaré Peter;
Jesús, lo llamaré, pero solo
en español, con la «h» aspirada,
como se dice en México;
Jesús, bésame de nuevo,

Jésus, you saved me,
Jésus, I can't forget you;
and what was her name who gave me
the towel? And who was I?
and what is love doing in
a sewer, and how is disgrace
blurred now, or buried?

Jesús, tú me salvaste,
Jesús, no puedo olvidarte;
¿y cómo se llamaba la que me dio
la toalla? ¿Y quién era yo?,
¿y qué hace el amor dentro
de una alcantarilla? ¿Y cómo se difumina
la desgracia hoy, o cómo se entierra?

My Dear

This I learned from Angela, a fawn's
ass has to be clean or he won't shit,
and if there is no mother to lick him, you have
to use toilet paper, lovingly, this way
you become his mother, you get to name him
and get to find him on Johnson Road, a '74
Mercury heating up beside him, the owner
in tears, and you, the mother, consoling him
as you both drag the body into the woods
which keeps you calm although your hands are shaking
and you are breathing hard from pushing the one
remaining leg into the ground without
disturbing the bloated stomach or the nose
that wants to stick out of the leaves nor do you
lower the shovel and flatten the ground
for you have babied the universe and you walk
with fear—or care—you walk with care—and wipe
your face with dirt and kiss the murderer.

Amor mío

Esto lo aprendí de Angela, el culo del
cervatillo tiene que estar limpio o no cagará,
y si no hay madre que lo lama, tendrás
que usar papel higiénico, con amor, y así
te conviertes en su madre, llegas a ponerle un nombre
y podrás encontrarlo en la Johnson Road, un Mercury
del 74 recalentado a su lado, el propietario
llorando, y tú, la madre, consolándolo
mientras ambos arrastráis el cuerpo hacia el bosque,
lo cual te calma aunque tus manos estén temblando
y estés jadeando después de haber empujado la última
pata que queda dentro de la tierra sin
molestar al vientre hinchado o a la nariz
que quiere asomar entre las hojas y no
bajas la pala y alisas el terreno
porque tú has mimado el universo y caminas
con miedo –o cuidado–, caminas con cuidado, y te limpias
la cara con tierra y besas al asesino.

59 N. Sitgreaves

As if some creature down there was having a smoke
and there was a lamp with fringes and rug
so filthy the earth was red and the blue flowers
were black and there was nothing to read and only
a shovel in my face, for such it is
under the lid that I rocked forever and changed
my clay pipe every hour; and reading what
was left of the Psalms, for they were torn and eaten,
I did so by holding a candle over my head;
and I was careful of water for in Them it says
God is filled with water and in Them it says
the valleys shout with joy, which I do here;
and also I whistle in spite of the dirt in my mouth,
and I still hate oppression and I hate slander
where there was a brick outhouse and a library
down from the kitchen and the butchered backyard maple.

59 N. Sitgreaves

Como si una criatura allá abajo estuviera fumando
y hubiera una lámpara con flecos y una alfombra
tan sucia que la tierra fuera roja y las flores azules
fueran negras y no había nada que leer, tan solo
una pala en la cara, porque así es
bajo la tapadera donde me mecía eternamente y cambiaba
mi pipa de arcilla cada hora; y al leer lo que me
quedaba de los Salmos, pues estos estaban raídos y mordidos,
lo hice sosteniendo una vela sobre la cabeza;
y tuve cuidado del agua pues en Ellos se dice
que Dios está lleno de agua y en Ellos se dice
que los valles gritan de alegría, y eso es lo que hago aquí;
y también silbo a pesar de la mugre en la boca,
y sigo odiando la opresión y odio la calumnia
donde había un retrete de ladrillo y una biblioteca
debajo de la cocina y el arce descuartizado del patio trasero.

Diogenes

Diogenes for me and sleeping in a bathtub
and stealing the key to the genealogy room
close to the fake Praxiteles and ripping
a book up since the wrath had taken me
over the edge again and you understand
as no one else how when the light is lit
I have to do something, I couldn't hold my arm up
for nothing, I couldn't stand on the top step
barking—I'll put it this way, living in a room
two cellars down was good, I got to smell
the earth, I carried a long red wire down
with a bulb attached—after that it never mattered.

Diógenes

Diógenes era lo mío y dormir en una bañera
y robar la llave de la sala de genealogía
cerca del falso Praxíteles y hacer pedazos
un libro pues la ira me había llevado
una vez más al extremo y sé que entiendes
como nadie que cuando la luz se enciende
tengo que hacer algo, yo no podía alzar el brazo
en vano, yo no podía estar en el último escalón
ladrando; en otras palabras, vivir en una habitación
dos sótanos más abajo estaba bien, uno podía oler
la tierra, así que me bajé un largo cable rojo
con una bombilla conectada, y después de eso nada importaba.

XIII. In Beauty Bright (2012)

XIII. En plena hermosura (2012)

Nietzsche

You can say what you want but I love Nietzsche most
when he stood between the terrified horse and the coachman
and intervened though I have pity for his sudden
madness even if he hated pity for he was
human then nor could one word matter anyhow,
and when he went insane, as I understand it,
he suffered from shame and sadness in different cities
for which we have the very late letters his vicious
sister never burned, and though I know
it wasn't Heine or Émile Zola I thought
it had to be either Gogol or Dostoyevsky
who threw their arms around the bleeding horse;
and there is so much to say about him I want to
live again so I have time to study him,
for intervening is the only mercy left now,
as Grace walked on the White House lawn, as Daniel
broke the nose cones and burned the draft cards as if
those were the poems, not making up tunes to go
with a noisy furnace—it was for Nietzsche. Before
anyone was born I walked through the Armstrong tunnel
connecting one language to another, holding
a book in front of me and crowded the wall,
especially when I came to the curve so I could
live the first time, more or less, which when I
think of the working horse it was the bag
of oats, the blinders, the snorting, and the complex of
leather straps, but what wouldn't I give today,
June eleventh, two thousand nine, to talk to
Stanley or, for that matter, Paul Goodman
or those who came before—could I be the one
who carries the smell of dead birds in his blood—and horses?

Nietzsche

Puedes decir lo que quieras pero cuando más me gusta Nietzsche
es cuando se interpuso entre el caballo asustado y el cochero
e intervino aunque siento compasión por el súbito
ataque de locura a pesar de que él odiara la compasión porque era
un ser humano y qué importa una palabra,
y cuando se volvió loco, por lo que sé,
sintió vergüenza y tristeza en varias ciudades
para lo cual contamos con las últimas cartas que su cruel
hermana jamás quemó, y aunque sé
que no era un Heine o un Émile Zola pensé
que tuvo que ser un Gógol o un Dostoievski
el que abrazara el caballo ensangrentado;
y hay tanto que decir sobre él que desearía
vivir de nuevo para tener tiempo de estudiarlo,
porque intervenir es la única forma de compasión que nos queda
como Grace anduvo sobre el césped de la Casa Blanca, como Daniel
rompió las ojivas y quemó las cartillas militares como si
esos fueran los poemas, no inventar canciones que acompañen
a la ruidosa caldera, eso le hubiera encantado a Nietzsche. Antes
de que nadie hubiera nacido caminé a través del túnel de Armstrong
que conecta un idioma con otro, sosteniendo
un libro frente a mí, y caminé pegado al muro,
sobre todo cuando llegué a la curva para así poder
vivir por vez primera, más o menos, y cuando
pienso en el caballo de tiro pienso en el saco
de avena, en las anteojeras, en el resoplar y en el intricado
correaje de cuero, pero qué no daría hoy,
once de junio de dos mil nueve, por hablar con
Stanley o, incluso, con Paul Goodman
o sus predecesores; ¿acaso soy yo
el que lleva el olor de aves muertas en su sangre, y el de los caballos?

Creeley

> For James Haba, creator of the Dodge Poetry Festival
> and its director for its first twenty years.

At Panther Valley, according to my notes,
and it says 10 p.m. which means the restaurant
was just about to close and you had to go
to the bar to get your pretzel,
though I forgot to note the year,
he sat in a booth by himself
and seemed to hate the general merriment
and either by way of bitterness or contempt,
or likely unbearable sadness,
he went out to swallow 2,000 stars
for it was he who hated the general merriment
and Bly and Stafford were sitting at the bar
and Olds and Levine had come too late,
though they were part of the general merriment,
and they saw Creeley swallowing
the 2,000 stars for it was he who hated
the merriment and nothing I could do
could stop him from swallowing
even if we came to the same conclusions,
though I don't know what the year was.

Creeley

>
> Para James Haba, creador del Dodge Poetry Festival
> y su director durante sus primeros veinte años.

En Panther Valley, según mis notas,
y aquí dice 10 de la noche, lo que significa que el restaurante
estaba a punto de cerrar y uno tenía que ir
a la barra a recoger su pretzel,
y aunque olvidé mencionar el año,
él estaba sentado a solas en un reservado
y parecía odiar el entusiasmo general,
y ya sea a causa del rencor o del desprecio,
o seguramente de una tristeza insoportable,
salió a tragarse 2.000 estrellas
porque él era quien odiaba el entusiasmo general
y Bly y Stafford estaban sentados en la barra
y Olds y Levine habían llegado demasiado tarde,
aunque ellos fueran parte del entusiasmo general,
y vieron a Creeley tragarse
las 2.000 estrellas porque él era quien odiaba
el entusiasmo y nada de lo que yo hacía
podía evitar que se las tragara
a pesar de que ambos llegamos a la misma conclusión,
aunque no sabría decir qué año era.

Day of Grief

I was forcing a wasp to the top of a window
where there was some sky and there were tiger lilies
outside just to love him or maybe only
simply a kiss for he was hurrying home
to fight a broom and I was trying to open
a door with one hand while the other was swinging
tomatoes, and you could even smell the corn
for corn travels by wind and there was the first
hint of cold and dark though it was nothing
compared to what would come, and someone should mark
the day, I think it was August 20th, and
that should be the day of grief for grief
begins then and the corn man starts to shiver
and crows too and dogs who hate the wind
though grief would come later and it was a relief
to know I wasn't alone, but be as it may,
since it was cold and dark I found myself singing
the brilliant love songs of my other religion.

Día de luto

Intentaba dirigir a una avispa hacia lo alto de una ventana
donde había algo de cielo y donde había azucenas tigre
allá afuera solo para hacerle el amor o quizás tan solo para
darle un beso, ya que ella volvía aprisa a casa
a luchar contra una escoba y yo intentaba abrir
una puerta con una mano mientras la otra agitaba
los tomates, e incluso se podía oler el maíz
porque el maíz viaja en el viento y ese fue el primer
indicio de frío y oscuridad, aunque nada
comparado con lo que vendría, y alguien debería decir
qué día era, yo creo que era el 20 de agosto y
que ese debía ser un día de luto porque el luto
comienza ese día y el hombre del maíz empieza a temblar
y también los cuervos y los perros que odian el viento,
aunque el luto vendría después y fue un alivio
saber que no estaba solo, pero sea como fuere,
ya que hacía frío y estaba a oscuras me sorprendí cantando
las brillantes canciones de amor de mi otra religión.

XIV. New Poems

XIV. Nuevos poemas

Daisy

Who can resist the lovely words of Alessandra Lynch
and who says who's the master and whom and whither and which
and if love is an airborne thing
and we leave doors and windows open
and the rooms are adrift with pollen-druff
and beetle-husk and skullock-motes,
and where the Daisy is that donkey
and who does she belong to
and would she be good enough to ride
in my homecoming down Wylie Avenue
and should flowers be on her head or mine
and if it's decent enough to bring her into the Gaslight
or for that matter into the Crawford Grill.

Daisy

Quién puede resistirse a las dulces palabras de Alessandra Lynch
y quién dice quién manda y a quién y adónde y cuál
y si el amor es una cosa que lleva el aire
y dejamos puertas y ventanas abiertas
y habitaciones a la deriva pelusas de polen
y cáscara de escarabajo y motas de *kalavera*,
y donde Daisy es esa burra
y a quién pertenecerá
y si será buena para montarla
de vuelta a casa avenida Wylie abajo
y si deberían estar las flores sobre su cabeza o sobre la mía
y si es decente llevarla al Gaslight
o por qué no al Crawford Grill.

Possum

I'd rather believe it was only chance that put the opossum
into my garbage can and he lay dead inside
from too many peelings and drowned from too many smells,
and he was more like a cat in size which shocked me
and he came back from the dead, if I can say that
and crawled out as soon as it got dark
and a weird sense told him Rebecca wasn't looking
and we named him Lazarus to show that we loved him
and when he wanted to play we all lay down dead
just to show that humans are good at that too
or maybe he wasn't playing and he had the same
longings we did or maybe he was studying
how we died, some of us just slumped over,
some of us lying with grave and cradled heads,
and some of us turned into stone like standing ghosts,
though he may have had rabies and we were just lucky.

Zarigüeya

Mejor pensar que fue la casualidad la que puso a la zarigüeya
en el cubo de basura y que esta se hizo la muerta allí dentro
entre las muchas peladuras y ahogada por los muchos olores,
y por su tamaño era más parecida a un gato, lo que me extrañó,
y volvió de entre los muertos, si se puede decir así,
y salió a rastras tan pronto se hizo de noche
y un raro sexto sentido le dijo que Rebecca no estaba mirando
y la llamamos Lázaro para probar que la queríamos
y cuando ella quiso jugar nos hicimos todos los muertos
solo para demostrar que a los humanos también se nos da bien
o tal vez ella no estaba jugando y tenía los mismos
anhelos que nosotros o tal vez estaba estudiando
cómo nos morimos, algunos encorvados,
algunos con cabezas tristes y colgantes,
y algunos convertidos en piedra como fantasmas en pie,
aunque puede que tuviera la rabia y que nosotros tuviéramos suerte.

Poets

    Christ that dull mirror again
                    all unsilvered I'm so tired of
a prince of dull silver
             putting my face to the test
I no longer sneak a look at
                when I'm examining some grey stubble
Prince Dick Wilbur up there
                or my friend William Merwin
both dragging their left knees
                  or downstairs my Mexican mirror
three-sided for different takes
              also unsilvered   Creeley
with his own mirror
             Williams in the subway
on his journey in hell
             to look for his father
the way the Greeks did
              staring at the window opposite
and seeing himself as the father
                conflated with a man
wearing a brown felt hat
             lighter than his skin
reminiscent of D. H. Lawrence's
                Pan with a black face
with a worn leather case
             bulging with its contents
lying between his ankles
              on the floor, his shoes
old but recently polished,
             a worn knobbed stick

Poetas

Cristo ese espejo opaco otra vez
                              todo desplateado estoy tan harto de
un príncipe de plata apagada
                         de poner mi rostro a prueba
ese que ya no miro de reojo
                         cuando examino mi incipiente barba gris
al «príncipe» Dick Wilbur justo ahí
                              o a mi amigo William Merwin
los dos arrastrando la rodilla izquierda
                         o a mi espejo mexicano en la planta baja
de tres caras para distintas vistas
                         también desplateado   Creeley
con su propio espejo
                    Williams en el metro
en su viaje a través del infierno
                         en busca de su padre
como hacían los griegos
                    mirando a la ventanilla de enfrente
y viéndose a sí mismo como el padre
                              fundido con un hombre
que lleva un sombrero de fieltro marrón
                              más ligero que su piel
que recuerda al Pan
              de D. H. Lawrence con rostro negro
con una maleta de piel gastada
                         llena a rebosar de objetos
descansando entre los tobillos
                    en el suelo, los zapatos
viejos aunque lustrados hace poco,
                         un nudoso bastón gastado

between his knees, he was
                      an African American—
I'm Jewish-American an
                American Jew, whose mother
was born near Bialystock
                  maybe a Polish American
a Polish Jew dzień dobry
                  off to get a passport
they owe me something after
                    a thousand years in the swamp
Blaise Cendrars saw from his window
                      an hour east of Warsaw
on his way to Siberia
              on his way to Inner Mongolia
to manage a four-story hotel
                before he came to New York
to sit in the new library
              waiting for the lions
for there was heat and he
              was freezing he was starving
1911 or 1912
      he with a nickel revolver
but he hadn't gone to Brazil yet
                  and that was the year he wrote
"Les Pâques á New-York"
              "Easter in New York"
the first French poet to use
                a common spoken language
to get to the lyric voice,
              the greatest of his poems, though
he was just twenty-five
              more or less the same age

entre sus rodillas, era
                afroamericano,
yo soy judeoamericano un
                    judío americano, cuya madre
nació cerca de Bialystock
                quizás un polaco americano
un judío polaco dzień dobry
                    que quiere obtener el pasaporte
pues me deben algo tras
                mil años en la ciénaga
que Blaise Cendrars vio desde su ventana
                        una hora al este de Varsovia
de camino a Siberia
            de camino a Mongolia Interior
para gestionar un hotel de cuatro plantas
                        antes de venir a Nueva York
a sentarse en la nueva biblioteca
                a esperar a los leones
porque había calefacción y
                estaba helado y muerto de hambre
en 1911 o 1912
        él con un revolver de níquel
aunque aún no había ido a Brasil
                    y ese fue el año en que escribió
«Les Pâques á New-York»
                «Pascua en Nueva York»
el primer poeta francés en usar
                    un lenguaje hablado por el pueblo
para llegar a la voz lírica,
                el mejor de sus poemas, aunque
tenía solo veinticinco años
                más o menos la misma edad

as William Carlos Williams
                      who was still stuck with Keats,
and it would be thirty years
                      before Celan was reading
Villon and Shakespeare, lecturing—
                      though only sixteen at the time—
Ilana Shmueli in German—
                      who was all of fourteen—
in Czernowitz a Romanian
                      city now again Ukrainian
called I think Chernivtsi
                      whom she would meet again in
Paris in the late-1960s
                      where they became ah lovers
and for a year exchanged
                      letters and poems I phoned
in 2008 in Tel Aviv
                      to bring her to America
but she couldn't travel yet
                      and died just two years later
before she could speak to us
                      about her love for Celan
about the poems they wrote
                      each other about her desperate
attempts to save him and what
                      her memories were and what she
remembered about Czernowitz
                      and I have the memoir she wrote
hardly sixty pages
                      and how the Jews there only spoke
German and enacted their lives
                      as if they were living in Vienna

que William Carlos Williams
                    que aún seguía con Keats,
y eso sería treinta años
                antes de que Celan leyera
a Villon y a Shakespeare, y le diera clase,
                    aunque solo tenía dieciséis años entonces,
a Ilana Shmueli en alemán,
                    que tenía en total catorce años,
en Czernowitz una ciudad
                    rumana ahora de nuevo ucraniana
creo que llamada Chernivtsi
                    y al que ella encontraría de nuevo en
París a finales de los 60
                donde se hicieron ¡oh! amantes
y durante un año intercambiaron
                        cartas y poemas y la llamé
en 2008 estando en Tel Aviv
                    para traerla a América
pero ella no podía viajar todavía
                    y murió solo dos años después
antes de poder hablar con nosotros
                        de su amor por Celan
de los poemas que se escribieron
                    el uno al otro de sus desesperados
intentos por salvarlo y cuáles
                    eran sus recuerdos y qué
recordaba de Czernowitz
                    y aún tengo el libro de memorias que escribió
apenas sesenta páginas
                    y cómo los judíos allí solo hablaban
alemán y dirigían sus vidas
                    como si aún estuvieran viviendo en Viena

during the Empire including
                all the cultural appurtenances
certainly not endearing themselves
                        to the Ethnics not that it mattered
one way or another for Jews
                were hated both east and west
nor could languages help them
                  and during the German occupation
following the Russian occupation
                though she was starving she perfected
her violin and performed for
                audiences as well as studying
Greek and after that Yiddish and
                taking dangerous walks with
Celan in the public gardens
                where German soldiers patrolled
since she embodied the twentieth
                century and she was on the last
tub leaving for Palestine
            from the Port of Constanța
before the gates slammed shut
                and spent two years in an English
concentration camp near Jerusalem
                but never learned Hebrew properly
in the sixty-seven years left
              and she had children I could telephone
but I am writing about loss
              and how we could have met
and I could have had the burden
                which I do now—for good or ill
and I would have introduced her
              to Mihaela Moscaliuc, a

durante el Imperio e incluso
                    sus pertenencias culturales
sin duda sin hacerse querer
                    por otras etnias y no es que importara
de una forma u otra porque los judíos
                    eran odiados de este a oeste
y ni los idiomas podían ayudarlos
                    y durante la ocupación alemana
tras la ocupación rusa
                    aunque pasaba hambre ella perfeccionó
su violín e interpretó para
                    el público además de estudiar
griego y después yiddish y
                    dar paseos comprometedores con
Celan por los parques públicos
                    donde los soldados alemanes patrullaban
puesto que ella simbolizaba al siglo
                    veinte y estuvo en la última
embarcación que salió hacia Palestina
                    desde el puerto de Constanța
antes de que las puertas se cerraran
                    y pasó dos años en un campo
de concentración inglés cerca de Jerusalén
                    pero nunca aprendió bien hebreo
en los sesenta y siete años restantes
                    y tuvo hijos a los que pude haber llamado
pero escribo sobre la pérdida
                    y sobre cómo pudimos habernos conocido
y sé que podría haber llevado la carga
                    que ahora llevo, para bien o para mal,
y le hubiera presentado
                    a Mihaela Moscaliuc, una

Romanian American who writes
                         her own poetry in English,
or Nina Cassian speaking of
                      Romanians who in Bucharest
is known by school children
                     who memorize her poems
I met oh twenty years ago
                 in Iowa she wanted to
take me to an island where
                    I could live on nothing
and just worship the sun—
                   dream come true—but I had
business up north including
                 a life in the north of my own
so I found the sun when I could—
                       I would call it glimpses
or bursts, bursts of light
                   which my poems are made of
and I live for that and frankly
                      except for the ice I love winter
for I am a born Polack
              and only go south in February.

rumana americana que escribe
       su poesía en inglés,
o a Nina Cassian que habla de
       rumanos que en Bucarest
es conocida por escolares
       que memorizan sus poemas
y a la que conocí hace, ¡oh!, veinte años
       en Iowa y quería
llevarme a una isla donde
       yo podría vivir del aire
y dedicarme a adorar al sol,
       un sueño hecho realidad, pero yo tenía
asuntos arriba en el norte que incluían
       una vida propia en el norte
por eso iba en busca del sol cuando podía;
       podría llamarlos destellos
o ráfagas, ráfagas de luz
       de las que se componen mis poemas
y vivo por eso y la verdad
       es que a pesar del hielo amo el invierno
pues soy polaco de veras
       y solo voy al sur en febrero.

Índice

Prologue 8
Prólogo 9

22 THIS TIME
23 ESTA VEZ

24 I. Rejoicings
25 I. Regocijos
The Bite 26
El mordisco 27
The Naming of Beasts 28
Nombrar a las bestias 29

30 II. Lucky Life
31 II. Vida afortunada
Lucky Life 32
Vida afortunada 33
Morning Harvest 36
Cosecha matutina 37
96 Vandam 40
96 Vandam 41
On the Island 42
En la isla 43
The power of Maples 46
La fuerza de los arces 47

Behaving Like a Jew 48
Comportarse como un judío 49
If You Saw Me Walking 50
Si me vieras caminar 51

54 III. The Red Coal
55 III. La brasa roja
The Red Coal 56
La brasa roja 57
I Remember Galileo 60
Recuerdo a Galileo 61
Cow Worship 62
Adoración bovina 63
June Fourth 64
Cuatro de junio 65
The Roar 66
El rugido 67
No Wind 68
Sin viento 69
Here I Am Walking 70
Aquí estoy caminando 71

74 IV. Paradise Poems
75 IV. Poemas del paraíso
Soap 76
Jabón 77
The Dancing 84
El baile 85
Today a Leaf 86
Hoy una hoja 87
Orange Roses 88
Rosas naranja 89

Red Bird   90
Pájaro rojo   91
Romania, Romania   94
Rumanía, Rumanía   95
Song   98
Canción   99

100   V. Lovesick
101   V. Loco de amor
The Dog   102
El perro   103
I Sometimes Think of the Lamb   106
A veces pienso en el cordero   107
Grapefruit   108
Pomelo   109
Silver Hand   112
Mano de plata   113
Bob Summers' Body   114
El cuerpo de Bob Summers   115
Lyric   116
Lírica   117
Knowledge Forwards and Backwards   118
Conocimiento de ida y vuelta   119
Steps   124
Pasos   125

132   VI. Bread Without Sugar
133   VI. Pan sin azúcar
The Song of the Green Willow   134
La canción del sauce verde   135
Nice Mountain   138
Montaña bonita   139

The Thought of Heaven   142
La idea celeste   143
Ukrainian   148
Ucraniano   149

150   VII. Odd Mercy
151   VII. Extraña piedad
Fleur   152
Fleur   153
Ida   156
Ida   157
Oracle   164
Oráculo   165
The Jew and the Rooster Are One   166
El judío y el gallo son uno   167
St. Mark's   170
St. Mark's   171

172   VIII. This Time. New and Selected Poems
173   VIII. Esta vez. Poemas nuevos y escogidos
This Time   174
Esta vez   175
Eggshell   176
Cascarón de huevo   177
Swan Legs   178
Piernas de cisne   179
Lilacs for Ginsberg   180
Lilas para Ginsberg   181
Personal   182
Personal   183
The Sounds of Wagner   184
La música de Wagner   185

186   IX. L ᴀsᴛ B ʟᴜᴇ
187   IX. Úʟᴛɪᴍᴏ ᴀᴢᴜʟ
     Last Blue   188
     Último azul   189
     Street of the Butchers   194
     Calle de los carniceros   195
     Paris   196
     París   197
     Kingdom   198
     Reino   199
     Lavender   204
     Lavanda   205
     Drowning on the Pamet River   206
     Ahogarse en el río Pamet   207
     March 27   208
     27 de marzo   209
     First Gardenia   210
     Primera gardenia   211

212   X. Aᴍᴇʀɪᴄᴀɴ Sᴏɴɴᴇᴛs
213   X. Sᴏɴᴇᴛᴏs ɴᴏʀᴛᴇᴀᴍᴇʀɪᴄᴀɴᴏs
     Roses   214
     Rosas   215
     Box of Cigars   216
     Caja de puros   217
     Sam and Morris   218
     Sam y Morris   219
     Winter Thirst   220
     Sed de invierno   221
     American Heaven   222
     Cielo americano   223

224　XI. Everything is Burning
225　XI. Todo arde
Thought　226
Idea　227
The Gulls　228
Las gaviotas　229
Sylvia　230
Sylvia　231
My Sister's Funeral　232
El funeral de mi hermana　233
Shouldering　234
En la cuneta　235
She Was a Dove　236
Ella fue paloma　237
The Law　238
La ley　239
Worms　240
Lombrices　241
Stern Country　242
La tierra de Stern　243

244　XII. Save the Last Dance
245　XII. Concédeme el último baile
Save the Last Dance for Me　246
Concédeme el último baile　247
My Dear　252
Amor mío　253
59 N. Sitgreaves　254
59 N. Sitgreaves　255
Diogenes　256
Diógenes　257

258 XIII. In Beauty Bright
259 XIII. En plena hermosura
    Nietzsche 260
    Nietzsche 261
    Creeley 262
    Creeley 263
    Day of Grief 264
    Día de luto 265

266 XIV. New Poems
267 XIV. Nuevos poemas
    Daisy 268
    Daisy 269
    Possum 270
    Zarigüeya 271
    Poets 272
    Poetas 273

Vaso Roto Ediciones

Poesía

LUIS ALBERTO AMBROGGIO, *La arqueología del viento. The Wind's Archeology*
1. W. S. MERWIN, *Cuatro Salmos*
2. ALDA MERINI, *Cuerpo de amor*
3. HUGO MUJICA, *Más hondo. Antología poética*
4. ELIZABETH BISHOP, *Una antología de poesía brasileña*
5. ALDA MERINI, *Magnificat*
6. LÊDO IVO, *Rumor nocturno*
7. ALDA MERINI, *La carne de los ángeles*
8. CLARA JANÉS, *Poesía erótica y amorosa*
9. LÊDO IVO, *Plenilunio*
10. AMANCIO PRADA, *Emboscados*
11. WILLIAM WADSWORTH, *Una noche fría el físico explica*
12. FRANCISCO J. URIZ (seleccionador), *El gol nuestro de cada día. Poemas sobre fútbol*
13. JOUMANA HADDAD, *Espejos de las fugaces*
14. LEO ZELADA, *Minimal Poética. Declaración de principios de un anacoreta*
15. OSSIP MANDELSTAM, *Poesía*
16. CLARA JANÉS, *Variables ocultas*
17. AMANCIO PRADA, *Cántico espiritual y otras canciones de San Juan de la Cruz*
18. CHARLES WRIGHT, *Potrillo*
19. HAROLD BLOOM, *La escuela de Wallace Stevens. Un perfil de la poesía estadounidense contemporánea*
20. RICARDO YÁÑEZ, *Nueva escritura sumaria. Antología poética*
21. CLIVE WILMER, *El misterio de las cosas*
22. GIOVANNI RABONI, *Gesta Romanorum*
23. LÊDO IVO, *Calima*

24 VALTER HUGO MÃE, *folclore íntimo*
25 ERNESTO CARDENAL, *Tata Vasco. Un poema*
26 JESÚS AGUADO, *El fugitivo. Poesía reunida (1985-2010)*
27 TERESA SOTO, *Erosión en paisaje*
28 VARIOS AUTORES, *Un árbol de otro mundo. En homenaje a Antonio Gamoneda*
29 LUIS ARMENTA MALPICA, *El agua recobrada. Antología poética*
30 EDUARDO LIZALDE, *El vino que no acaba. Antología poética (1966-2011)*
31 MAX ALHAU, *Del asilo al exilio*
32 HENRIK NORDBRANDT, *La ciudad de los constructores de violines*
33 W. S. MERWIN, *Perdurable compañía*
34 MERCEDES ROFFÉ, *La ópera fantasma*
35 DULCE MARÍA GONZÁLEZ, OSWALDO RUIZ, *Un océano divide*
36 VICENTE HAYA (compilador), *La inocencia del haiku. Selección de poetas japoneses menores de 12 años*
37 JOSÉ ANTONIO MORENO JURADO, *Últimas mareas*
38 ABBAS BEYDOUN, *Un minuto de retraso sobre lo real*
39 ADONIS, *Sombra para el deseo del sol*
40 LI-YOUNG LEE, *Mirada adentro*
41 FRANCISCO ALBA, *Masa crítica*
42 CHARLES SIMIC, *El mundo no se acaba*
43 LUGI BALLERINI, *Cefalonia*
44 TOMAZ SALAMUN, *Balada para Metka*
45 CLARA JANÉS, *Orbes del sueño*
46 EDUARDO MOGA, *Insumisión*
47 W. S. MERWIN, *La sombra de Sirio*
48 NATALIA LITVINOVA, *Todo ajeno*
49 TRACY K. SMITH, *Vida en Marte*
50 ZINGONIA ZINGONE, *Los naufragios del desierto*
51 MARÍA POLYDOURI, *Los trinos que se extinguen*

52 Julia Hartwig, *Dualidad*
53 Varios autores, *Miniaturas de tiempos venideros. Poesía rumana contemporánea*
54 Hugo Gutiérrez Vega, *Los pasos revividos*
55 James Merrill, *Divinas Comedias*
56 Antonio Méndez Rubio, *Va verdad*
57 Hamutal Bar-Yosef, *El lugar donde duele. Antología poética (1970-2010)*
58 James Wright, *No se quebrará la rama*
59 Charles Simic, *Mi séquito silencioso*
60 Anne Carson, *Decreación*
61 Robert Pinsky, *Ginza samba. Poemas escogidos*
62 Dulce María González, *Lo perdido*
63 Antonella Anedda, *Desde el balcón del cuerpo*
64 Mercedes Roffé, *Carcaj : Vislumbres*
65 Juan Bufill, *Antinaufragios*
66 Alda Merini, *Francisco. Canto de una criatura*
67 Luis Alberto Ambroggio, *Homenaje al camino*
68 Luis Alberto Ambroggio, *Todos somos Whitman*
69 Gerald Stern, *Esta vez. Antología poética*
70 Maurizio Cucchi, *El desaparecido*
71 Lucrecia Romera, *Detrás del Verbo*
72 Adonis, *Zócalo*

Esenciales
1 Gerard Manley Hopkins, *El mar y la alondra. Poesía selecta*
2 Derek Walcott, *Pleno verano. Poesía selecta*
3 Andrea Zanzotto, *La muerta tibieza de los bosques. Poesía selecta —1*
4 Andrea Zanzotto, *El (necesario) mentir. Prosa selecta —2*
5 Vasko Popa, *El cansancio ajeno. Poesía completa*
6 Leonard Nolens, *Puertas entreabiertas. Antología poética (1981-2004)*

7 Hugo Mujica, *Del crear y lo creado.*
   Poesía completa (1983-2011) —1
8 Hugo Mujica, *Del crear y lo creado.*
   Prosa completa (1983-2011) —2

Arte
1 Tzvetan Todorov, *¡El arte o la vida!*
   El caso Rembrandt
2 Víctor Ramírez, *Vaso Roto: espacio y poesía*
3 Salvatore Settis, *Laocoonte. Fama y estilo*
4 Michael Taylor, *La mentira de Vermeer. El artista, el coleccionista y una joven que posa como la musa Clío*
5 Clara Janés, Sarantis Antíocos, *El Greco. Tres miradas: Cervantes, Rilke, Antonio López*

Cardinales
1 John Ruskin, *El sueño imperativo. Sobre arte, naturaleza y sociedad*
2 Orlando González Esteva, *Animal que escribe. El arca de José Martí*
3 Santiago Rusiñol, *Máximas y malos pensamientos. Piensa mal y no errarás*
4 Chantal Maillard, *La baba del caracol*
5 Kate O'Brien, *Teresa de Ávila*
6 Jordi Doce, *Zona de divagar*
7 Néstor Braunstein, *Autorretratos de Javier Marín*

www.ingramcontent.com/pod-product-compliance
Lightning Source LLC
Chambersburg PA
CBHW020149090426
42734CB00008B/759

9788416193172